W0328446

WERKSTATT KUNST

Durch das Objektiv gesehen

Christine Linne · Margot Michaelis

Schroedel

WERKSTATT KUNST

Durch das Objektiv gesehen

Materialien für die gestalterische Praxis
im Kunstunterricht der Sekundarstufe I

herausgegeben von Margot Michaelis
bearbeitet von Christine Linne und Margot Michaelis

Druck A [1] / Jahr 07

Alle Drucke der Serie A sind im Unterricht parallel verwendbar.

Redaktion: Kerstin Meyer, Braunschweig
Herstellung: Sabine Schmidt, Hannover
Fotografie/Bildbearbeitung: Christine Linne, Wasbüttel
Grafik: Dirk Pfannenschmidt, Hannover
Layout und Satz: Jesse Konzept & Text GmbH, Hannover
Umschlag: Janssen/Kahlert, Hannover
Druck und Bindung: pva Druck und Medienleistungen GmbH, Landau

ISBN 978-3-507-**10024**-4

Inhalt

Gestaltungsgrundlagen

Themen, Techniken, Ideen

Filmen, eine Einführung

Zu diesem Heft

Heute besitzt fast jedes Kind einen Fotoapparat, ein Fotohandy oder eine Videokamera. In jeder Sekunde werden weltweit Millionen von Fotos gemacht. Sie werden ausgedruckt, herumgezeigt, verschickt, vielleicht auch liebevoll aufbewahrt und geordnet, um von der eigenen Wirklichkeit Zeugnis abzulegen: Das bin ich, das sind meine Eltern, Geschwister, Freunde – oder: Dort bin ich gewesen. Das Foto oder das Video zeigt unsere Anwesenheit auf dieser Welt.

Fotografien und auch Filme begegnen uns außerdem in den Medien: in der Printwerbung, der Reportage, im Fernsehen oder Kino. Das Fotografieren und das Filmen scheint in seiner Alltäglichkeit ebenso leicht zu sein wie das Betrachten von Medienbildern, denn was zu sehen ist, ist ja unmittelbar zu erkennen und das Fotografieren und Filmen erfordert heute nur wenige technische Kenntnisse.

Aber gibt es nicht doch Unterschiede? Oft haben wir den Eindruck, das fotografierte Bild oder die gefilmte Szene gibt gar nicht wieder, was wir gesehen oder was wir uns vorgestellt haben. Es gibt Fotografien oder Filme, die uns kaltlassen, und solche, die uns bewegen. Soll ein selbst gemachtes fotografisches Bild mehr als zufällige Erinnerung sein, so ist es nützlich, sich genauer mit den Gestaltungsmöglichkeiten der Medien zu befassen. Der Fotograf Edward Weston schrieb einmal: „Die wichtigste und zugleich schwierigste Aufgabe des Fotografen besteht nicht im Erlernen der Kamerahandhabung oder der Dunkelkammertechniken. Er muss lernen, fotografisch zu sehen."

Eine Werkstatt für Foto und Film

Das fotografische Sehen, das Sehen durchs Objektiv, steht daher am Anfang des Heftes und wird im Weiteren auch durchgehend behandelt: Indem du selbst Fotos gestaltest, erfährst du, wie ein einzelnes Bild gelingt oder wie mit fotografischen und filmischen Mitteln ganze Geschichten erzählt werden können. Das Arbeitsheft ist wie eine Werkstatt gedacht. Sie enthält viele Werkzeuge, mit denen technische und gestalterische Möglichkeiten erfahren und erprobt werden können.

Weil du dir nicht alle Verfahren oder Techniken auf einmal aneignen kannst, solltest du grundsätzlich dem Aufbau des Heftes in einzelnen Schritten folgen. Dabei solltest du in Absprache mit deinem Lehrer/deiner Lehrerin aus den alternativen Angeboten an Aufgaben oder Anregungen auswählen. Auch wenn die Videoarbeit im Zentrum deiner Arbeit mit dem Heft stehen soll, empfiehlt es sich unbedingt, die Kapitel zu den Gestaltungsmitteln der Fotografie zunächst zu bearbeiten.

Mithilfe von Materialien und Aufgaben wirst du in jedem Kapitel neue Kenntnisse erwerben. Sie tragen dazu bei, dass du schrittweise deine fotografischen Fähigkeiten erweiterst. Auch wirst du eine Reihe von Fotobeispielen kennenlernen, die dir nicht nur helfen, deinen fotografischen Blick zu schulen. Sie führen dich zugleich beispielhaft in die Geschichte der Fotokunst ein. Je nachdem, wo im Unterricht ein Schwerpunkt gesetzt wird, können die ausgewählten Beispiele aber auch im Rahmen eigener Recherchen ergänzt werden.

Die entstehenden Ergebnisse solltest du in einer Mappe sammeln, in die du zusätzlich recherchierte Sachinformationen zu den einzelnen Kapiteln des Arbeitsheftes aufnimmst. Am besten legst du in deiner Mappe gleich zu Anfang ein Kapitel zum Thema „Bildsprache und Begriffe der Fotografie und des Films“ an. Dazu ist es sinnvoll, zum Beispiel ein Word-Dokument einzurichten, in das du die eigenen Fotos einbaust. Gesammelte Bildbeispiele können die eigenen Bilder ergänzen. Ob deine Mappe nur auf dem PC angelegt wird oder überwiegend in Form von Ausdrucken, hängt davon ab, welche Präsentationsformen du – in Absprache mit deinem Lehrer oder deiner Lehrerin – wählst.

Gestaltungsmittel und Techniken

Schauen wir durch ein Objektiv, einen Sucher, um ein Bild zu machen, treffen wir bereits eine Auswahl aus dem großen Fluss der wirklichen Welt. Soll ein Bild gelingen, etwa der richtige und treffende Ausschnitt gefunden werden, so helfen dir die im Heft angebotenen Gestaltungsmittel. Das Dargestellte kann aber ebenso gut inszeniert werden: Ein Foto kann bewusst täuschen, ein Film kann in einer anderen Zeit und Welt spielen. Um solche Eindrücke zu erzielen oder zu verstärken, lassen sich weitere technische Hilfsmittel einsetzen: Das Foto kann mit einem Bildbearbeitungsprogramm weiterbearbeitet werden; Videomaterial, zu einem Film geschnitten und mit Ton und Musik unterlegt werden.

Um zu zeigen, wie digitale Fotos am PC verändert werden können, und zu erklären, wie du Schritt für Schritt selbstständig einen Film schneiden kannst, werden Verfahren der Bild- und Videobearbeitung am Computer anhand von Screenshots erläutert.

Die den Erläuterungen zugrunde liegenden Programme, ▸Photoshop Elements und ▸MAGIX Video deluxe, wurden ausgewählt, weil sie als Schulversionen verbreitet sind. Es wird aber ein prinzipieller Umgang mit den Programmtypen und ihren Funktionen vermittelt, der es dir ermöglicht, auch andere, ähnlich aufgebaute Programme zu benutzen.

Ein Register (Seite 47) hilft dir, die im Heft vorgestellten Gestaltungsverfahren und genannten Fachbegriffe schnell wiederzufinden, und ermöglicht es dir somit, selbstständig mit dem Heft zu arbeiten. Auf den Themenseiten sind die im Register erfassten Begriffe mit ▸ gekennzeichnet. Einige von ihnen wurden zudem fett gedruckt, da sie Gegenstand der auf den Seiten 44 bis 46 zusammengefassten „Technischen Hinweise“ sind.

Gefragt: Teamarbeit

Viele Aufgaben erfordern eine Zusammenarbeit, in der sich verschiedene Fähigkeiten ergänzen können. Besonders der Film ist ein Medium, das im Team entsteht. Daher solltet ihr, wenn möglich, projektartig arbeiten. Zum Schluss werdet ihr die Ergebnisse in der Schulöffentlichkeit präsentieren und diskutieren können.

Wenn man ein Foto- oder Filmprojekt plant, so denkt man gerne an große Produktionen, wie man sie aus den Medien kennt. Es hat sich aber gezeigt, dass überschaubare kleine Projekte – Filme von zwei oder drei Minuten, Fotosequenzen mit zehn Bildern – eine bessere Qualität garantieren. Schließlich lassen sich die einzelnen Werke zu einer Gesamtproduktion zusammenfügen. Dazu kann ein gemeinsam gewähltes Oberthema beitragen.

Gestaltungsgrundlagen

Mein erstes Foto – der besondere Moment

Der erste Schultag

Vicky und Celina in Prag

Es gibt Situationen in unserem Leben, die wir unbedingt durch ein Foto festhalten wollen – oder andere, etwa unsere Eltern, halten sie für uns fest. Zum Beispiel die Einschulung ist so ein besonderer Moment. Aber auch bei vielen weiteren Gelegenheiten wird fotografiert, und gerade Jugendliche nutzen das Medium Fotografie oft spontan.

1 Schau dir die beiden Abbildungen an. Warum wurden sie gemacht? Nenne weitere Anlässe und Begründungen für das „Schießen" eines Fotos.

2 Erste Versuche mit der Kamera:
a) Nehmt Fotos während der Pause im Schulbereich auf (nicht mehr als drei Fotos pro Person). Druckt die Aufnahmen aus.
b) Legt die Ergebnisse auf Tischen aus: Ordnet sie nach Themen.
c) Stellt Kriterien für ein gutes Foto zusammen.

Robert Doisneau: La Pendule, Foto, aufgenommen 1956 in einer Pariser Schule

Der Franzose Robert Doisneau (1912–1994), der als Siebzehnjähriger zu fotografieren begann, machte sich während des Zweiten Weltkriegs als Fotojournalist mit Aufnahmen vom besetzten Paris einen Namen. Später wurde er freischaffender Fotograf und war als „Flaneur" auf den Pariser Straßen bekannt, wo er oft stundenlang Menschen beobachtete und ablichtete. Das abgebildete Foto gehört zu einer Serie, die Doisneau in den 1950er-Jahren in einer Schule aufnahm und die noch immer ausgestellt wird. Doisneau sagte über seinen künstlerischen Ansatz als Fotograf, er sei auf der Suche nach dem besonderen Moment, den „drei Sekunden Ewigkeit", die ein Foto besonders machen. Obwohl er Augenblicke aus dem normalen Schulalltag der Kinder festhielt, legte er beispielsweise großen Wert auf sorgfältige ▸Bildkomposition.

3 Betrachte das Foto von Doisneau genau und beantworte die folgenden Fragen:
- Welchen Moment hat der Fotograf gewählt?
- Wie hat er ihn fotografisch festgehalten?
- Welche Rolle spielt das Thema Zeit in dem Foto?
- Warum spricht das Foto auch heute noch Betrachter an?

4 Stelle Fotos aus deiner eigenen Fotosammlung zusammen, die einen „besonderen Moment" zeigen.

Auf die Einstellung kommt es an

Es gibt viele Merkmale, die Einfluss darauf nehmen, ob wir ein Foto nichtssagend finden oder gelungen. Auf dem Deckblatt zu diesem Heft zeigt eine Fotoreihe Zausel, das Stoffmonster, bei einem Spaziergang durch die Stadt. Vielleicht haben die Bilder dein Interesse geweckt – wegen des Motivs oder wegen des besonderen Blickwinkels, mit dem der Fotograf Zausel abgelichtet hat?

1 Schau dir die hier abgebildeten Aufnahmen von Zausel genau an. Was wird gezeigt? Und wie unterscheiden sich die Bilder in ihrer Aussage?

In der Fotografie, aber auch beim Film spricht man in Bezug auf die Darstellung verschiedener ▸Ausschnitte des Gesehenen von ▸Einstellungsgrößen. Im Allgemeinen werden sieben verschiedene Einstellungsgrößen unterschieden: Total-, Halbtotal-, Amerikanische, Halbnah-, Nah-, Groß- und Detailansicht. Die Einstellungsgrößen sind wichtige Gestaltungsmittel, denn sie lassen das aufgenommene Motiv jeweils unterschiedlich erscheinen.

2 Probiert die Wirkung der verschiedenen Einstellungsgrößen aus, indem ihr in Gruppen denselben Gegenstand in unterschiedlichen Einstellungsgrößen von derselben Position aus fotografiert.

a) Wählt gezielt Einstellungen,
   - um einen Überblick über eine Gesamtszenerie zu gewährleisten und dadurch räumliche Orientierung zu ermöglichen
   - um einen größeren Ausschnitt aus der Gesamtszenerie hervorzuheben
   - um das Motiv zu betonen und die Umgebung als orientierenden Zusammenhang zu zeigen
   - um die Aufmerksamkeit des Betrachters auf eine bestimmte Stelle im Bild zu lenken
   - um Gefühlsregungen zu zeigen
   - um Einzelheiten hervorzuheben, die man sonst kaum wahrnimmt.

b) Stellt das Ergebnis auf einem Blatt mit den dazugehörigen Begriffen zusammen.

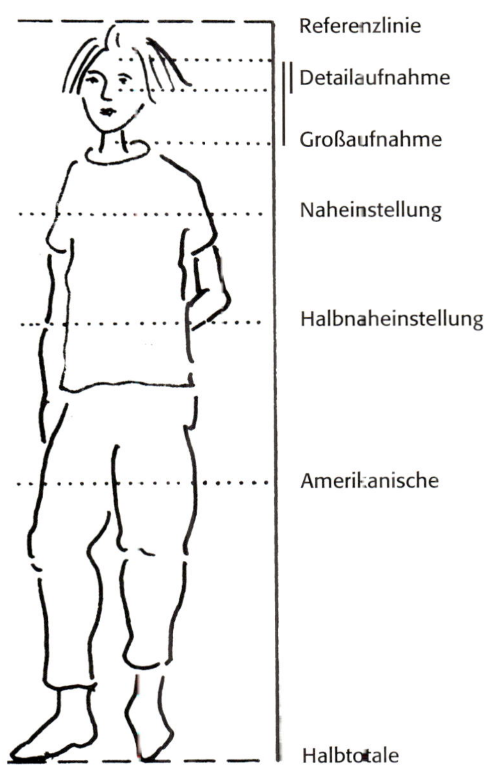

Das Foto, ein Ausschnitt

Von dem amerikanischen Fotografen Paul Strand, der 1890 in New York geboren wurde und von 1948 bis zu seinem Tod im Jahr 1976 in Frankreich lebte, stammt das hier abgebildete Foto.
Als Strand – im Alter von etwa 18 Jahren – zu fotografieren begann, galten Fotos als „künstlerisch", die Ähnlichkeit mit Gemälden anstrebten – oft, indem sie ein wenig unscharf aufgenommen und schließlich eingefärbt wurden. Strand zählt heute zu den Fotografen, die diese Art der „Kunstfotografie" überwanden. Als Künstler im Zeitalter der Industrialisierung versuchte er, eine neue, zeitgemäße Bildsprache zu formulieren, und fand zu einem klaren, sachlichen Blick.
Das abgebildete Foto nahm Strand 1953 in Italien auf; es heißt „Die Familie". Ein Journalist des amerikanischen Magazins Time-Life schrieb darüber: „Während die Zeit stillsteht, erleben diese Menschen eine Art Unsterblichkeit." Wie verstehst du diesen Satz?

1 Bildet Gruppen und fertigt je einen Rahmen aus weißem Papier für das abgebildete Foto Paul Strands, sodass ihr euch bei der Betrachtung zunächst – wie in den Umrisszeichnungen – auf jeweils einen Ausschnitt konzentrieren könnt. Untersucht in jeder Gruppe, was der Betrachter über den jungen Mann mit Hut auf den jeweiligen Ausschnitten erfährt.
a) Stellt eure Ergebnisse zusammen und ordnet diese Informationen verschiedenen Lebensbereichen (individuell, familiär, sozial) zu.
b) Bezieht die Ergebnisse auf die Wirkung von Einstellungsgrößen.

2 Sucht und untersucht auf dieselbe Weise weitere Ausschnitte, die euch als Bildmotive interessant erscheinen.

3 Überlege, unter welchen Umständen das Foto entstanden sein könnte, und schreibe eine Geschichte zu dem Bild.

4 Verfasse einen Artikel über das Foto, in dem der oben zitierte Satz aus Time-Life vorkommt.

Umrisszeichnungen zu Paul Strand: Die Familie

Paul Strand: Die Familie, Luzzara, Italien, 1953, Silbergelatineabzug

Auch wenn du ein Foto machst, entscheidest du dich für die Ablichtung eines bestimmten ▸Ausschnittes in deiner Umgebung. Dieser Ausschnitt ist subjektiv und lediglich Teil eines Gesamtzusammenhangs. Die Entscheidung für einen bestimmten Bildausschnitt ist gleichzeitig die Entscheidung gegen einen anderen und bestimmt wesentlich Wirkung und Aussage einer Fotografie.

5 Bildet Dreier- oder Vierergruppen und sucht euch ein Motiv auf dem Schulgelände. Jeder von euch macht ein Foto, das seinen Blickwinkel auf das ausgewählte Motiv widerspiegelt. Präsentiert und diskutiert die Ergebnisse im Plenum. Was wollte der jeweilige Fotograf vermitteln und wie deuten die Betrachter die Fotografie?

6 Macht ein Gruppenbild eurer Klasse, das eine zuvor festgelegte Aussage transportiert.

Anschnitt und Bildaufteilung

Ana Adamovic (geboren 1975) ist eine Künstlerin aus Serbien. Mit ihrer Kamera suchte sie Orte auf, die ein Großteil ihrer Landsleute lieber mied: In Krisengebieten machte sie Aufnahmen von Flüchtlingslagern. Bloße ▸Dokumentation reicht ihr nach eigenen Aussagen in ihren Bildern nicht aus: Adamovic sucht „das Große im Kleinen". Was meint die Künstlerin mit dieser Formulierung?

Schon durch die Festlegung eines bestimmten ▸Ausschnitts schneidet ein Fotograf in der Regel auch Bildelemente an. Das heißt, dass das Foto fast immer einige Motivbereiche nur in Teilen wiedergibt. ▸Anschnitte können ganz bewusst gestalterisch eingesetzt werden, um die Bildaussage zu konzentrieren. Beim Fotografieren ist es daher ratsam, mit verschiedenen ▸Einstellungen zu experimentieren und die Wirkungen variierender Bildaufteilungen zu beurteilen.
Besonders extreme Anschnitte, wie sie z. B. der Künstler Jörg Sasse (geboren 1962) zeigt, betonen eine subjektive Interpretation des Dargestellten. Das kann so weit gehen, dass Motivelemente von ihrem Inhalt kaum oder gar nicht mehr erkannt werden.

Ana Adamovic: Aufnahmen aus einem serbischen Flüchtlingslager, 1999, und aus dem Kosovo, 2004 (oben)

Jörg Sasse: W-90-05-04, Gießen 1990, 28 x 38 cm.

1 Schau dir die Aufnahmen Adamovics genau an. Was zeigen sie und was nicht? Achte dabei besonders auf den jeweiligen Bildausschnitt und den Anschnitt der Motive.

2 Untersucht, inwiefern sich die Fotos von anderen, in Zeitungen und Nachrichtensendungen verbreiteten Fotos aus Krisengebieten unterscheiden. Nehmt anschließend Stellung zu dem fotografischen Ansatz Adamovics.

3 Ein Quiz: Bildet drei Gruppen. Jeder Teilnehmer/jede Teilnehmerin versucht, einen extremen Anschnitt von einem selbst gewählten Motiv mit der Kamera einzufangen. Die Fotos werden anschließend – mithilfe eines Beamers oder ausgedruckt auf Papier – präsentiert. Eine Gruppe zeigt ihre Arbeiten, die beiden anderen Gruppen müssen erraten, was der jeweilige Aus- bzw. Anschnitt zeigt. Die Gruppe, die die meisten Zusammenhänge erkennt, gewinnt.

Bilder freistellen mit Photoshop Elements

Bildbearbeitungsprogramme ermöglichen nach der Aufnahme die Veränderung von Aus- und Anschnitten. Weil dabei ein Teil des Bildes weggeschnitten wird, ist diese Art der Bearbeitung aber mit einer Reduzierung von ▸ **Dateigröße** und ▸ **Bildinformationen** verbunden.

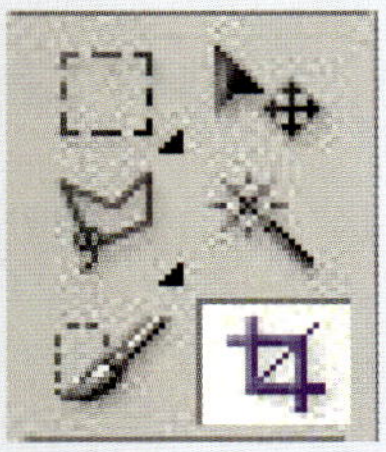

Das Wegschneiden von Bildbereichen wird als ▸ Freistellen bezeichnet. Dazu bieten Bildbearbeitungsprogramme – wie etwa Photoshop Elements – ein sogenanntes Freistellungswerkzeug, das sich im Werkzeugfenster des Programms befindet. Klicke mit diesem Werkzeug in das Bild und ziehe mit gedrückter Maustaste den Bereich auf, der erhalten werden soll. Daraufhin wird der Bereich außerhalb der Auswahl dunkel maskiert und es erscheint ein Rahmen mit Anfassern. Sollte der gewählte Ausschnitt nicht beim ersten Versuch deinen Erwartungen entsprechen, kannst du ihn mithilfe dieser Anfasser verändern. Klicke dazu mit der Maus in den Anfasser und ziehe ihn bei gedrückter Maustaste in die gewünschte Richtung. Mit einem Doppelklick in den Rahmen wird der maskierte Bereich weggeschnitten.

Um dem ▸ Bildausschnitt von vornherein eine exakte Größe zuzuweisen, z. B. weil er in eine bestimmte Gestaltung eingebunden werden soll, kannst du über die Einstellungsleiste, die sich unterhalb der Menüleiste befindet, den Ausschnitt in Breite und Höhe genau definieren. Legst du die Größe für eine Bildschirmgestaltung fest, ist es wichtig, dass du die Kürzel Px für ▸ Pixel hinter deine Zahlenwerte schreibst. Arbeitest du für den Printbereich, erfolgt die Angabe in cm. Auch hierfür solltest du den Wert für die gewünschte ▸ Auflösung eingeben.

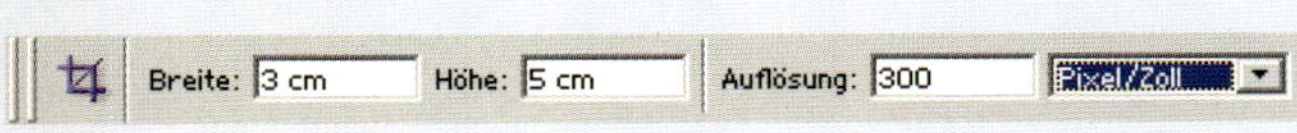

Kompositionsprinzipien der Fotografie

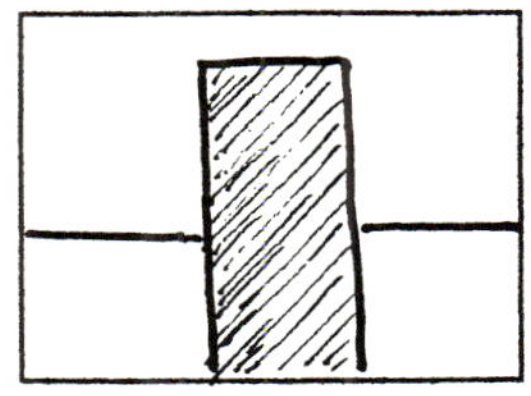

Statik: vertikal – horizontal

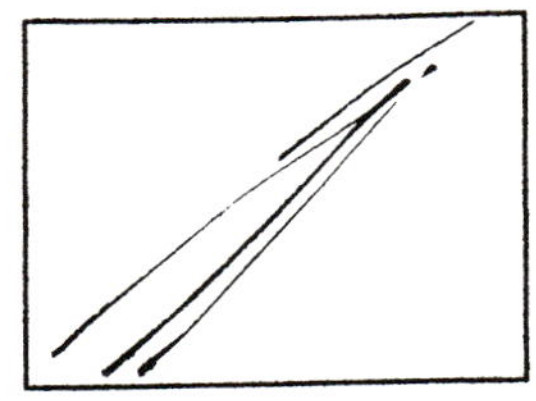

Dynamik: diagonal

Bewegung: Rhythmus – Reihung

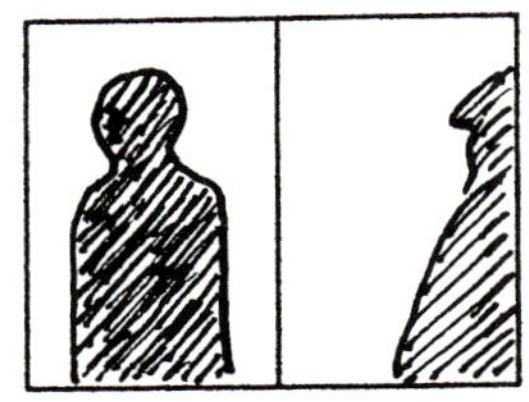

Symmetrie – Asymmetrie

Hell – Dunkel: Figur – Grund

Rahmen: nah – fern

Tiefe: Horizont

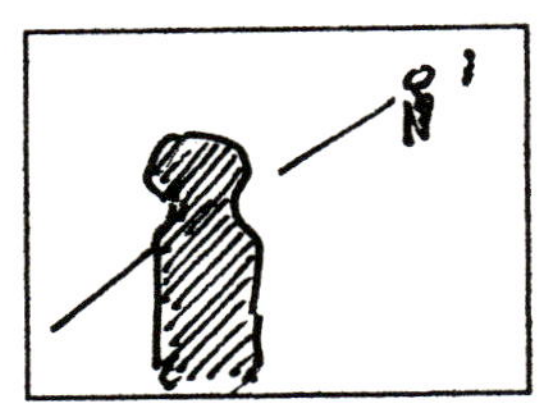

Tiefe: groß – klein

4 a) Öffne eine digital vorliegende Fotografie mit dem Bildbearbeitungsprogramm Photoshop Elements und speichere sie unter einem neuen Namen ab. Wähle dann mithilfe des Freistellungswerkzeuges verschiedene Ausschnitte und Anschnitte und befrage diese auf ihre Wirkungen. Achte darauf, dass du jede veränderte Datei unter einem anderen Namen abspeicherst, damit dir alle Varianten erhalten bleiben.

b) Stellt eure Ergebnisse zusammen und diskutiert die unterschiedlichen Wirkungen.

5 Intuitiv platzieren wir das Motiv oftmals in der Mitte des Bildes, aber muss das so sein?

a) Fotografiere deinen Tischnachbarn an seinem Platz sitzend. Mache mehrere Aufnahmen, bei denen du die Bildaufteilungen veränderst.

b) Welche ▸ Komposition wirkt auf dich spannungsreicher und welche ruhiger? Woran liegt das?

Ein Motiv – verschiedene Mittel

Diese Situation kennst du vielleicht: Eigentlich wollte man den Spickzettel nicht einsetzen, doch nun war er schon mal da – und könnte er nicht helfen? Aber gerade da schaut der Lehrer vorbei …

Stellt diese Situation gemeinsam in kleinen Gruppen (von drei bis vier Schülerinnen und Schülern) im Klassenraum dar und setzt sie mit unterschiedlichen fotografischen Gestaltungsmitteln ins Bild. Dazu richtet sich jede Gruppe eine kleine „Versuchsstation" ein, an der sie das gleiche Motiv jeweils auf andere Weise fotografiert. Darsteller (zwei bis drei Personen) und Fotografen wechseln sich von Aufgabe zu Aufgabe ab, sodass am Ende jedes Gruppenmitglied fotografiert hat.

An jeder Versuchsstation sollten verschiedene Materialien vorhanden sein:
Zum Fotografieren benötigt ihr eine ▸**Digitalkamera,** eine ▸**analoge Spiegelreflexkamera** und eine Leuchte. Außerdem braucht ihr Requisiten wie einen Schülertisch, Stühle, Schülerarbeitsmaterial, evtl. einen Lehrerkalender u. a.

Lest die folgenden Aufgaben zuerst genau durch und beginnt dann mit der Arbeit.

Kameraperspektive

Stellt die Situation aus unterschiedlichen ▸Kameraperspektiven dar: einmal aus der Sicht der Schülerin/des Schülers, einmal aus der Sicht der Lehrerin/des Lehrers. Wie lassen sich die jeweiligen Sichtweisen verstärken?

a) Überlegt und probiert gemeinsam Möglichkeiten der Umsetzung aus. Bestimmt, wer darstellt und wer fotografiert.
b) Macht Aufnahmen mit der Digitalkamera. Wählt anschließend je ein Foto zu einer Perspektive aus und druckt es aus.
c) Notiert, wie das Foto wirkt: Was erfährt der Betrachter durch die Perspektive über die Personen und über die Beziehung der Personen zueinander?

Format

Spielt die Situation in einer kleinen szenischen Darstellung durch. Entscheidet euch für zwei Situationen, von denen eine im Hochformat, die andere im Querformat fotografiert wird.

a) Probt die Szene und macht anschließend vier bis sechs Fotos mit der Digitalkamera.
b) Sprecht über die Ergebnisse und wählt je ein Foto pro Format aus, das ihr für gelungen haltet. Druckt die ausgewählten Ergebnisse aus und schreibt auf, was das Besondere am jeweiligen Format ist.

Ausschnitt

Wie könnte ein besonderer ▸Ausschnitt etwas über das Geschehen aussagen? Nutzt für diesen Versuch auch die Gegenstände, die im Spiel sind.

a) Macht vier bis sechs Fotos mit der Digitalkamera. Wählt anschließend vier von ihnen zum Ausdruck aus und stellt sie in einer Reihe zusammen.
b) Sprecht über das Ergebnis und die Schwierigkeiten, die ihr bei der Motivwahl hattet. Schreibt auf, welche Aussage ihr erzielt habt.

Schärfentiefe

Für die Versuche zur Variation der ▸ Schärfentiefe stehen euch zwei Kameras zur Verfügung: eine Digitalkamera und eine analoge Spiegelreflexkamera, die ihr für die folgende Aufgabe auf „manuelle Bedienung" einstellen müsst. Wählt dann auf dem Blendenring eine kleine Blendenzahl (z. B. 2). Das bedeutet, dass die ▸ Blende weit geöffnet ist, wodurch der Bereich, der scharf abgebildet wird, sich verringert.

a) Stellt die Kamera mithilfe des Ringes zur Scharfstellung mal auf den Hintergrund, mal auf den Vordergrund eures Motivs scharf. Gebt die Kamera herum. Beschreibt, was ihr seht.
b) Nun macht mehrere Fotos mit beiden Kameras, bei denen ihr die Schärfe auf unterschiedliche Ebenen eures Motivs einstellt: Geht dazu z. B. mit der Digitalkamera so nah an das am nächsten liegende Motiv heran, dass es im Display unscharf erscheint.
c) Die Bilder, die ihr mit der analogen Spiegelreflexkamera gemacht habt, werden bis zur nächsten Woche entwickelt. Schaut euch zuerst die digitalen Fotos an. Sucht ein Foto heraus, das durch die unterschiedlichen Schärfebereiche eine interessante Wirkung hat. Begründet eure Auswahl schriftlich.
d) Vergleicht in der nächsten Woche, welche Möglichkeiten die Kameras bieten. Besprecht dazu sowohl das Vorgehen als auch die Ergebnisse.

Beleuchtung

Auch der gezielte Einsatz von Licht und Schatten kann die Stimmung der dargestellten Situation verändern.

a) Erprobt verschiedene ▸ Beleuchtungen der Personen (von unten, von der Seite, von oben). Macht Fotos von jeder Beleuchtungssituation mit der Digitalkamera. Druckt die Fotos aus und vergleicht die Wirkungen. Notiert eure Beobachtungen.

Oder:

b) erzeugt mithilfe der Leuchte Schlagschatten und bezieht sie in euer Motiv ein. Macht Fotos, druckt sie aus und vergleicht die Wirkungen. Notiert eure Beobachtungen.

Schärfentiefe

Bereich eines Fotos, der vor oder hinter dem Hauptmotiv ausreichend scharf abgebildet ist. Bei der Spiegelreflexkamera mit Normalobjektiv liegt er meist 1/3 vor und 2/3 hinter der eingestellten Entfernung. Die Schärfentiefe ist vor allem von der Blendenöffnung der Kamera abhängig: Je kleiner die Zahl auf dem Blendenring, desto größer die Blendenöffnung. Und je weiter die Blende geöffnet ist, verringert sich der Motivbereich, der scharf abgebildet wird.

1 a) Präsentiert die Ergebnisse als Ausdrucke oder mithilfe eines Beamers.
b) Diskutiert, wie die Gestaltungsmittel die Aussage der Fotografien beeinflussen.

2 a) Stellt alle zu einem Gestaltungsbereich entstandenen Fotos und Texte der verschiedenen Arbeitsgruppen als Ausdrucke in je einer Mappe oder als Datei in einem PC-Ordner zusammen.
b) Jede Gruppe wählt nun einen Gestaltungsbereich aus, für den sie mithilfe des in den Mappen vorhandenen Materials ein informatives Arbeitsblatt gestaltet, das allen Schülerinnen und Schülern für die eigenen Mappen zur Verfügung gestellt wird.

Themen, Techniken, Ideen

Digitale Schönheit

Zausel ist bei seiner Tour durch die Stadt vor einem Schaufenster stehen geblieben. Ein Werbeplakat, das eine hübsche junge Frau zeigt, weckt seine Aufmerksamkeit. Wie gerne hätte auch er einen makellosen Teint, glänzendes Haar und einen grazilen Körper. Doch leider hat die Natur es anders gewollt: Zausel ist klein und gedrungen und hat widerspenstige pinkfarbene Zotteln!

Bildmaterial, das Werbeagenturen oder Zeitschriften verwenden, wird in der Regel einer Retusche durch professionelle Bildbearbeiter unterzogen. Verschiedene Agenturen präsentieren ihre Arbeiten im Internet, z. B. unter www.looks-perfect.de oder www.elektronische-schoenheit.de.
Klick doch mal rein! Die folgenden Bilder des Models vor und nach der Bildbearbeitung geben eine Vorstellung von dem möglichen Ausmaß einer digitalen Schönheitskorrektur.

1 Schau dir in Werbeprospekten, Versandkatalogen oder Illustrierten abgebildete Models genauer an.
a) Was findest du an ihnen schön und was nicht? Prüfe, ob du sie als „natürlich" empfindest.
b) Sprecht im Plenum über eure Eindrücke und über eure Vorstellungen von Schönheit.

2 Betrachte die beiden Bilder genau und beschreibe, worin sie sich unterscheiden.

Looks-Perfect/Carsten Tschach: Beispiel für eine professionelle Bildretusche

Natürlich werden Models für Werbeaufnahmen von Stylisten und Visagisten vorbereitet und das Motiv aufwendig ausgeleuchtet. Letztlich liegt es aber am Retuscheur, das Bild zu perfektionieren. Bereits mit wenigen Kenntnissen der digitalen Bildbearbeitung kannst du auch als Amateur deine Fotoaufnahmen verändern.

Bildretusche mit Photoshop Elements

Weichzeichnen

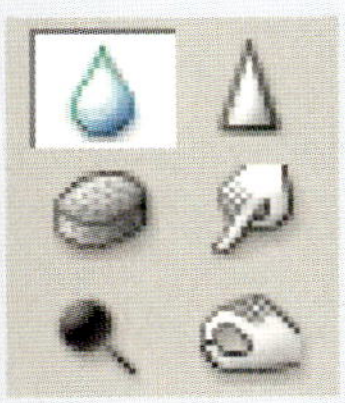

Einen ähnlich weichen Teint wie das Model erhältst du, wenn du grobe Poren oder Fältchen mit dem Weichzeichner bearbeitest. Bei Photoshop Elements befindet sich ein solches Tool in der Werkzeugleiste. Hast du es angewählt, bestimmst du die Eigenschaften des Werkzeugs mit den Einstellungsmöglichkeiten unterhalb der Menüleiste näher. Mit gedrückter linker Maustaste kannst du den Weichzeichner wie ein imaginäres Puderkissen benutzen.

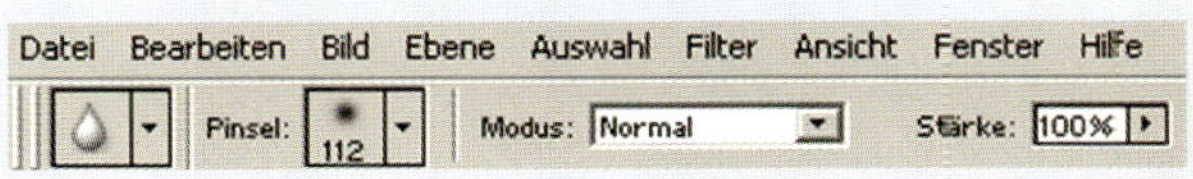

Unbearbeiteter Ausschnitt aus einem Porträtfoto

Kopierstempel

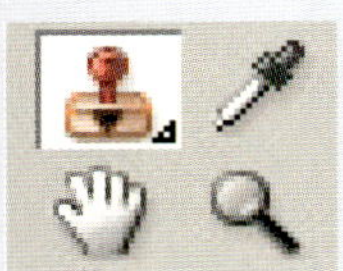

Ungewollte Leberflecken oder Pickel verschwinden mit dem Kopierstempel; auch er befindet sich in der Werkzeugleiste. Mit gedrückter Alt-Taste kannst du einen Gesichtsbereich auswählen, den du dann ohne gedrückte Alt-Taste einfach mit Mausklick über die Schönheitsmakel kopieren kannst. Es empfiehlt sich, den Aufnahmebereich in der Nähe des Stempelbereichs zu wählen, um möglichst ähnliche Farb- und Lichtverhältnisse zu haben.

Auch bei diesem Werkzeug kannst du die Eigenschaften nach deinen Bedürfnissen optimieren. Verwende eine Werkzeugspitze mit weichen Rändern, damit die Bildbearbeitung nicht durch harte Übergänge auffällt.

Derselbe Ausschnitt, mit Weichzeichner und Kopierstempel bearbeitet

Abwedeln und Nachbelichten

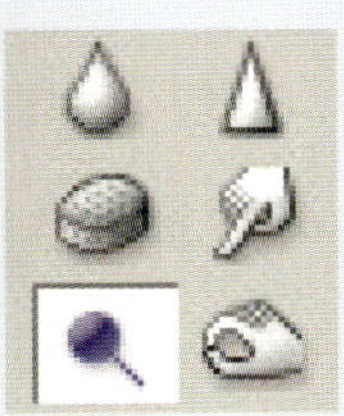

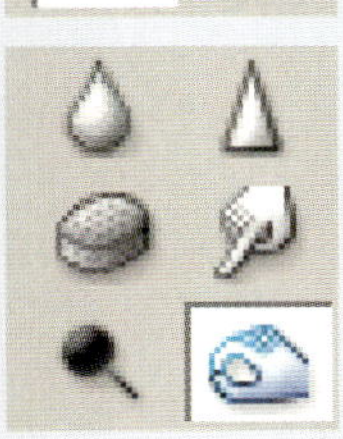

Die Augen einer Person sind bei einem Porträtfoto das mit Abstand wichtigste Ausdrucksmittel. In der Modefotografie werden die Augen von Models nicht selten am Bildschirm regelrecht neu „gemalt". Mit dem Abwedler kannst du die weißen Bereiche des Auges aufhellen, auch dunkele Augenschatten können mit diesem Werkzeug aufgefrischt werden. Mit dem Nachbelichter hingegen lässt sich die Intensität der schwarzen Bereiche z. B. der Iris, aber auch der Wimpern verstärken. Um diese Tools anzuwenden, zoome zunächst mit der Lupe, die sich ganz unten in der Werkzeugleiste befindet, die Augenpartie nah heran. Wähle dann, wie du es auch bei der Anwendung anderer Werkzeuge gemacht hast, geeignete Einstellungen und nutze Abwedler und Nachbelichter wie ein Malinstrument.

Der Ausschnitt nach der Bearbeitung mit Abwedler und Nachbelichter

3 Wie möchtest du gerne gesehen werden? Macht in Partnerarbeit digitale Porträtfotos bei Tageslicht voneinander und verändert sie mit Photoshop Elements. Experimentiert dabei auch mit weiteren Werkzeugen.

Fotografische Porträts

Thomas Struth: Anna Grefe, Düsseldorf 1997

Wann geben Fotos ein glaubwürdiges Bild einer Person wieder? Die nebenstehende Abbildung zeigt eine junge Frau, Anna Grefe, und wurde 1997 aufgenommen von dem deutschen Fotografen Thomas Struth.
Thomas Struth (geboren 1954) porträtiert nur Menschen, die er kennt: Einzelpersonen, Paare, Familien. Er fotografiert sie bei Tageslicht mit einer Aufnahmetechnik, die lange Belichtungszeiten erfordert und die die Porträtierten zwingt, ausdauernd still zu halten. Dem Künstler liegt daran, mit seinen Aufnahmen die Dargestellten als Persönlichkeiten zu zeigen und den Betrachter, der im Alltag die Bilder der Massenmedien eher flüchtig konsumiert, zu längerem Hinsehen aufzufordern.

1 Schau dir das Porträt an. Was könnte die junge Frau für ein Leben führen?
   a) Nimm dir eine Viertelstunde Zeit und versuche, eine Biografie für Anna Grefe zu schreiben.
   b) Stellt die Ergebnisse dann im Plenum vor und berichtet, wie ihr auf die jeweiligen Lebensläufe gekommen seid.

2 Vergleicht gemeinsam typische Werbeaufnahmen mit dem Bild von Anna Grefe. Formuliert, was Thomas Struth mit dieser Darstellung sichtbar macht.

3 Fotografiert euch gegenseitig vor weißem Hintergrund bei Tageslicht. Ziel sollte es sein, Porträtfotos mit möglichst natürlicher Wirkung zu erhalten.
   a) Besorgt Papierrollen aus einer Druckerei oder ein weißes Tuch, hängt dieses an einer hellen Stelle auf. Die zu Porträtierenden stellen sich dann möglichst locker vor diese Fläche.
   b) Installiert die Kamera auf einem Stativ. Wählt einen festen, gleichbleibenden Ausschnitt.
   c) Druckt die Ergebnisse aus und stellt sie in der Klasse aus. Diskutiert, ob euch „typische" oder „authentische" Aufnahmen gelungen sind.

Thomas Struth versucht, mit seinen Fotos etwas „Typisches" über die Porträtierten zu vermitteln. Doch was macht uns zu „Typen": unsere regionale, soziale oder familiäre Herkunft, unsere „Peer Group", Einflüsse von „Jugendkultur"? Vor allem Kleidung und Äußerlichkeiten sind es, die uns als „Typen" erkennbar werden lassen. Inwiefern spielen dabei aber nicht auch Vorurteile eine Rolle?

4 Eine Verwandlung: Erstellt in Partnerarbeit eine ➧ Fotosequenz, in der ihr zu zweit nach und nach eure Kleidung tauscht.
   a) Installiert dazu die Kamera fest auf einem Stativ und achtet darauf, dass beide Personen ganz im Bild sind. Nehmt eine Folge von mindestens sechs Bildern auf.
   b) Druckt die Ergebnisse aus und stellt sie zu einem Plakat zusammen.

Annika Langosch: Selbstporträt aus der Reihe Fabeltiere, Farbdruck, 80 x 100 cm, 2000

Verwandlungen haben oft etwas mit Träumen und Vorstellungen zu tun. Um sich für ein Foto oder eine Fotosequenz zu verwandeln, reichen oft wenige Requisiten. Dass die Fotografie Verwandlungen in geradezu fremdartige Wesen unterstützen kann, belegt das von Annika Langosch aufgenommene Foto der jungen Frau: Sie hat sich mit Schminke und Requisiten so ausgestattet, dass man in ihr etwas Neues sieht.

Um selbst zum grünen Männchen zu werden, musst du dir nicht zwangsläufig grüne Schminke ins Gesicht schmieren und die Wangen ausstopfen. Auch mithilfe von Bildbearbeitungsprogrammen wie Photoshop Elements sind Verwandlungen möglich. Der Fantasie werden dabei wenig Grenzen gesetzt. Probiere es mit einer Porträtvorlage von dir aus!

5 Wähle ein Verwandlungsthema und realisiere es in einer Fotosequenz aus vier Bildern. Beachte dazu auch die folgenden Hinweise zur digitalen Bildgestaltung.

Verwandlungen mit Photoshop Elements

Bildbereiche auswählen
Zunächst musst du den Bildbereich markieren, den du verändern möchtest, z. B. die Nase oder den Mund. Dies kannst du mit dem sogenannten Polygon-Lasso machen, das du in der Werkzeugleiste findest. Das Polygon-Lasso funktioniert dabei wie ein Band, das um Stecknadeln gewickelt wird. Mit jedem Mausklick positionierst du die Nadeln und die Auswahl erhält ihre Form. Wichtig ist, dass die Auswahl mit einem Doppelklick geschlossen wird, denn erst dadurch werden Startpunkt und Endpunkt der Markierung miteinander verbunden.

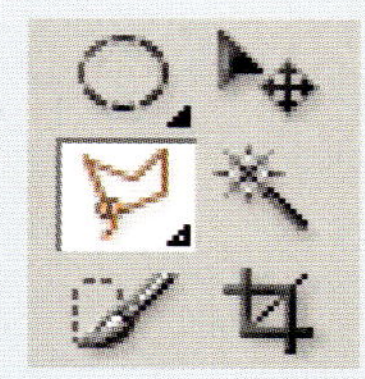

Bildbereiche transformieren
Nun kannst du über die Menüleiste unter der Rubrik > Bild > Transformieren > Verzerren den ausgewählten Bildbereich in seiner Form verändern (transformieren):
Die Nase kann länger oder dicker, der Mund zu einer Fratze werden. Wichtig: Bevor du deine Transformation mit einem Doppelklick bestätigst, solltest du mit dem Verschiebepfeil, den du in der Werkzeugleiste findest, den veränderten Bildbereich neu positionieren. Denn bei starken Verzerrungen kann sich ein störender weißer Rand bilden, der durch Verschieben der verzerrten Form wieder beseitigt werden kann.

Falls unschöne Übergänge durch die Verzerrung entstehen, kannst du diese mit dem Wischfinger ein wenig kaschieren. Die Eigenschaften dieses Werkzeugs sind nach Belieben in der Eigenschaftenleiste zu bestimmen.
Zusätzlich kannst du auch mit verschiedenen ▸ Filtern Verwandlungen herbeiführen. Du findest sie in der Menüleiste unter > Filter > Verzerrungsfilter. Probiere aus, welcher Filter für die Gestaltung deines außerirdischen Pendants am wirkungsvollsten ist.

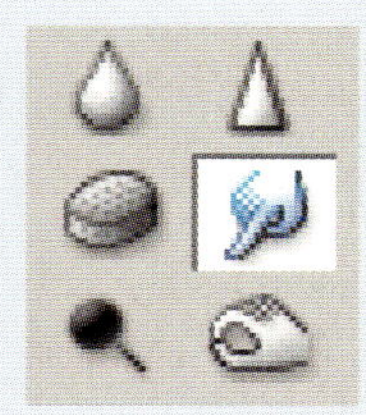

Farbvariationen vornehmen
Die passende Gesichtsfarbe kannst du dir in der Menüleiste unter der Rubrik > Überarbeiten > Farbe anpassen aussuchen. ▸ Farbvariationen bieten dazu eine gute Möglichkeit. Auch hier musst du zunächst die Bildbereiche auswählen, die du farblich verändern möchtest.

Veränderungen rückgängig machen
Bist du mit deiner Transformation nicht zufrieden, kannst du sie schrittweise rückgängig machen. Du findest dazu in der Menüleiste unter der Rubrik > Fenster > Rückgängig-Protokoll, alle von dir durchgeführten Aktionen. Klicke die ungewollten Einstellungen an und ziehe sie in den Papierkorb, den du unten im Fenster findest.

Fotomontage

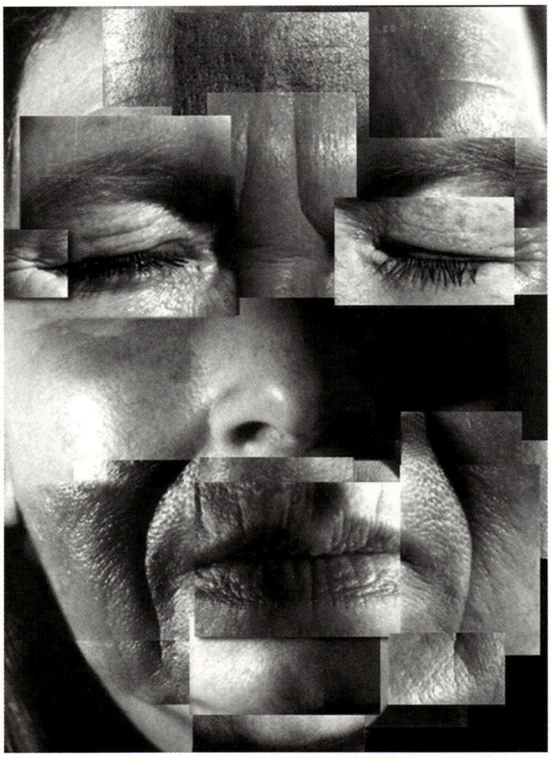

Anne Evers: Spuren einer Mutter, Digitale Bildmontage, 2005

Wie kann eine Porträtaufnahme ein aussagekräftiges Bild einer Person vermitteln? Zum einen sicher durch die überlegte Verwendung gestalterischer Mittel oder durch ausdrucksstarke Mimik der oder des Porträtierten. Doch setzt ein Fotograf ein Porträt aus einzelnen Bildern zusammen, die unterschiedliche Details einer Person zeigen, so entsteht ebenfalls ein Bild dieser Person – ein Bild, das unterschiedliche individuelle Seiten gleichzeitig zeigt.

1 a) Fotografiere von einer Person einzelne Elemente, auch aus unterschiedlichen Perspektiven, z. B. Haare, Augen, Hinterkopf. Beschränke dich auf den Kopf deines Gegenübers. Überlege, welche Details aussagekräftig sind.
b) Setze die Elemente in einem Raster zu einem Bild zusammen.

2 Macht mit einer digitalen Kamera Porträtaufnahmen von allen Schülern in eurer Klasse und erstellt am Computer ein Porträtpuzzle, das sich aus Bildfragmenten aller Porträtfotos zusammensetzt.

3 Versuche, in einer Porträtcollage besondere Merkmale zu veranschaulichen, z. B. Jugend, Alter, Trauer, Glück. Neben eigenen digitalen Bildern kannst du auch im Internet nach geeigneten Vorlagen suchen.

Montagen mit Photoshop Elements

Mit einem Bildbearbeitungsprogramm wie Photoshop Elements lassen sich verschiedene Bilder oder Bildteile zu einem neuen Bild zusammenfügen.

Bildbereiche auswählen

Mit dem Auswahlrechteck in der Werkzeugleiste markierst du bei gehaltener Maustaste den Bereich eines Bildes, den du in ein anderes Bild kopieren möchtest.

Bildbereiche kopieren und einfügen

Anschließend wählst du in der Menüleiste unter der Rubrik >Bearbeiten den Befehl >Kopieren. So wird der ausgewählte Bildteil in die Zwischenablage gespeichert. Wähle nun per Mausklick das Bild an, in das du den eben kopierten Bildteil einfügen möchtest. Der Balken oberhalb des Bildes wird blau und zeigt an, dass diese Vorlage nun aktiv ist und bearbeitet werden kann. Mit dem Befehl >Einfügen, der wiederum in der Menüleiste unter der Rubrik >Bearbeiten zu finden ist, wird der Inhalt der Zwischenablage in die aktive Vorlage eingefügt. Möchtest du den eingesetzten Bildteil nun noch anders platzieren, musst du den Verschiebepfeil verwenden, den du schon kennst.
Mit >Bild >Frei Transformieren kannst du die Größe des neuen Bildelements verändern. Es erscheint ein Rahmen mit Anfassern. Verschiebe ihre Position mit gedrückter Alt-Taste, um die Proportionen des Bildteils beizubehalten.

Mit Ebenen arbeiten

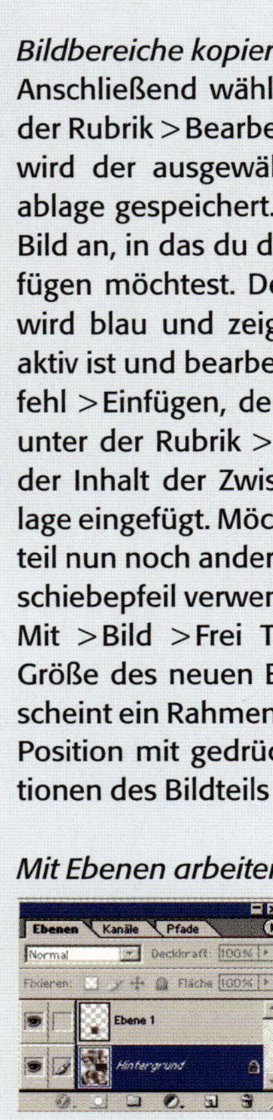

Fügst du in eine Vorlage Bildteile ein, erstellt das Programm automatisch für jeden Bildteil eine neue ▸Ebene. Die Ebenen eines Bildes liegen wie Folien übereinander. Einen Überblick über die einzelnen Ebenen gibt die ▸Ebenenpalette, die in der Menüleiste unter >Fenster >Ebenen zu öffnen ist. Sie zeigt u. a. die Reihenfolge der Ebenen im Bild. Die obere Ebene eines Bildes befindet sich in der Ebenenpalette ebenfalls ganz oben, sie verdeckt die darunterliegenden Bildteile. Die Reihenfolge kann jedoch ganz einfach verändert werden, indem man mit gedrückter Maustaste die Ebenen in der Palette nach Belieben verschiebt.
Bei der Arbeit mit Ebenen kann jeder Bildteil, der in einer eigenen Ebene liegt, separat bearbeitet und verschoben werden. Möchtest du eine bestimmte Ebene bearbeiten, musst du sie zunächst aktivieren. Klicke sie dazu in der Ebenenpalette an.

Pars pro Toto – Ein Teil steht für das Ganze

Die Hand des Menschen ist unverwechselbar. An ihr lässt sich Individuelles erkennen, mit ihr ertastet der Mensch die Formen und Oberflächen seiner Umwelt. Sie kann schützen und Gewalt ausüben. Sie ist ein vielseitiges Werkzeug, das ein Pianist oder ein Schriftsteller ebenso gebraucht wie ein Schlosser oder ein Jongleur. Durch Gesten geben Hände Gefühlen Ausdruck. Als Motiv der Kunst können sie auch Ideen symbolisieren.

In seiner Serie „Das offene Geheimnis" setzt sich der Künstler Walter Schels (geboren 1936) mit dem Thema Lebensalter auseinander, indem er etwa Fotos der Hände von Greisen und Säuglingen miteinander kombiniert. Das Motiv Hand dient hier als Verweis auf einen thematischen Zusammenhang; es weist über sich hinaus, so, wie es die lateinische Wendung „pars pro toto" – ein Teil steht für das Ganze – ausdrückt.

Die spanische Künstlerin María José Gómez Redondo (geboren 1963) schuf eine Serie von Montagen, die sie als Selbstporträts beschreibt: Sie kombinierte einen Ausschnitt ihres Gesichts vor undefiniertem, schwarzem Hintergrund mit der geöffneten rechten Hand, in die sie jeweils ein weiteres Motiv hineinmontierte. Die Hand sieht sie wie eine Art Ausweis, ein Abbild der eigenen Identität, und zugleich als Werkzeug, mit dem man sich angestrebte Dinge aneignet. Sie schreibt: „Ich zeige Dinge, die ich mit meinen Händen gesammelt habe, und zugleich erscheinen meine Hände als Objekte (die unbewegte Hand verweist auf sich selbst). Außerhalb ihres gewöhnlichen Kontexts erlangen Hände symbolische Bedeutung. Vor vertrautem Hintergrund werden sie Teil einer konkreten Situation."

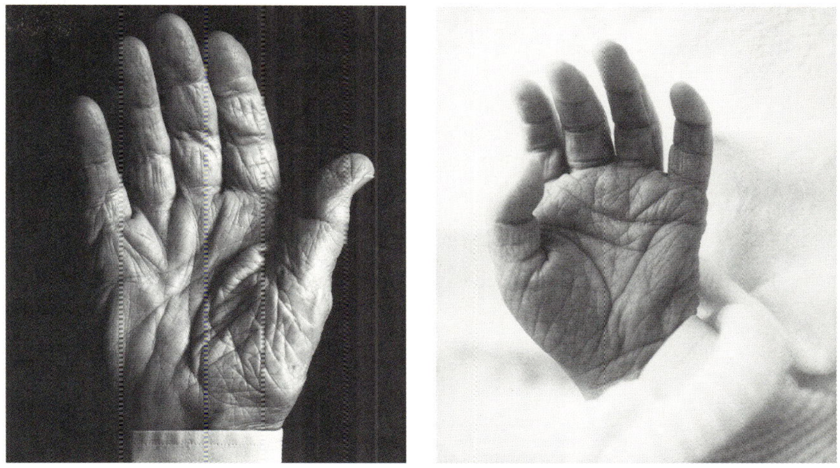

Walter Schels: Hände. Aus der Serie: „Das offene Geheimnis", 1995

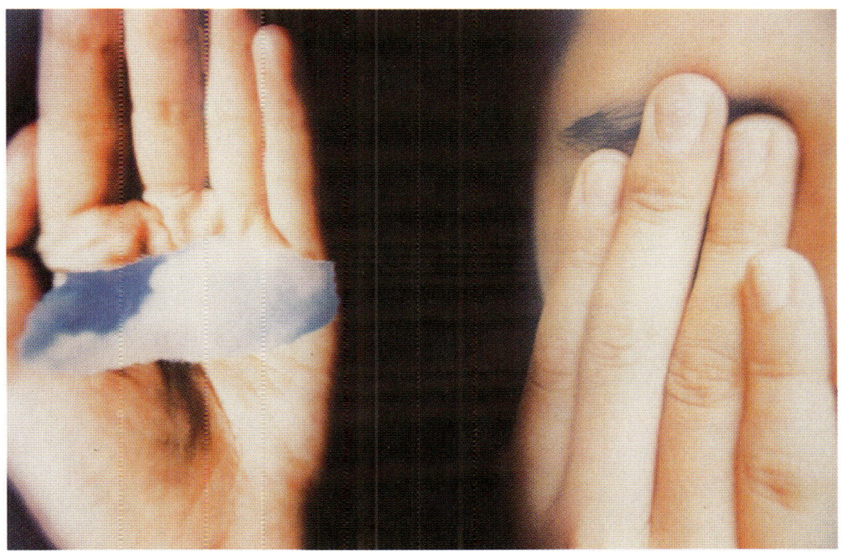

María José Gómez Redondo: Der Traum ist, was wir mit geschlossenen Augen sehen, Fotomontage, 1993 Ectacolor Print, 100 x 148 cm

1 Sammle fotografische Darstellungen der Hand aus Zeitschriften und Büchern. Ordne sie nach formalen und/oder thematischen Kategorien und präsentiere sie in der Klasse.

2 Erstellt gemeinsam eine Mindmap zum Begriff „Hand". Entwickelt aus dem Ergebnis unterschiedliche Themen, die durch das Motiv Hand dargestellt werden können. Dabei kann die Hand mit anderen Händen in Kontakt treten oder zu Gegenständen in Beziehung gesetzt werden.
a) Teilt die Themen Arbeitsgruppen zu und erarbeitet je ein Konzept für eine Gestaltung.
b) Realisiert die Fotos an geeigneten Orten. Bedenkt dabei auch die Lichtsituation.
c) Stellt die Ergebnisse zusammen und macht eine Ausstellung in der Schule.

3 Ein Projekt, fächerübergreifend mit Religion: „Die zehn Gebote", dargestellt durch Hände.
a) Führt in Gruppen eine Umfrage durch zu der Frage, welche Werte heute Gültigkeit haben. Stellt daraus zehn aktuelle Gebote zusammen.
b) Symbolisiert jedes Gebot durch fotografische Darstellungen von Händen und höchstens einem weiteren Gegenstand bzw. Element. Überlegt genau, wie ihr jedes Motiv fotografiert.
c) Präsentiert alle Ergebnisse auf einer Bildtafel mit Texten und Bildern.

4 Nicht nur Hände können ein Motiv sein, um mit einem Detail einen Zusammenhang darzustellen: Auch die Augen, der Mund oder die Füße sind geeignet, ganze Geschichten zu erzählen. Vielleicht fallen euch dazu noch ganz andere Motive ein.

Den Alltag fotografieren

Lewis Hine: Zehnjährige Arbeiterin in einer Baumwollspinnerei in North Carolina; 1908

Sebastião Salgado: The Brighton Ballet Theater of the School of Performing Arts, Brighton Beach, Brooklyn, New York, USA. Foto, 1994

Früher als Vertreter der klassischen Bildkünste wandten sich Fotografen einem Thema zu, das traditionell nicht als abbildungswürdig galt: dem Alltag der einfachen Menschen. Dabei stand in der sogenannten ▸Sozialdokumentarischen Fotografie des 19. und 20. Jahrhunderts die Darstellung von Problemen im Vordergrund, die mit dem Anwachsen der Städte hervortraten: Kinderarbeit, Not, Armut, Gewalt. Fotografen wie Lewis Hine (1874–1940) wollten durch das fotografische Dokument auf einen unhaltbaren Zustand hinweisen, indem sie sein Vorhandensein zeigten. Die Wirkung dieser Bilder beruhte auch auf der Vorstellung und dem Anspruch, dass Fotografien, gewissermaßen als „Selbstabdrucke" der Wirklichkeit, diese dokumentieren und abbilden.

In der Tradition der Sozialfotografen des 19. Jahrhunderts steht auch der Brasilianer Sebastião Salgado (geboren 1944), der Wirtschaftswissenschaftler war, bevor er sich autodidaktisch der Fotografie zuwandte. Eines seiner großen Projekte trägt den Titel „EXODUS": Salgado spürte darin Wegen und Schicksalen von Auswanderern in aller Welt nach. Sein Interesse an diesem Thema führt er im Vorwort des Ausstellungskataloges auf eigene Erfahrungen als Migrant zurück: In ländlichem Raum in Brasilien geboren, zog er schon als Kind mehrfach um, bevor er schließlich 1969 als Erwachsener mit seiner Ehefrau von der Großstadt São Paolo aus nach Europa gelangte, wo er, wie er formulierte, das Leben eines Flüchtlings führte. Er schreibt: „Drei Jahrzehnte später leben wir immer noch in einem fremden Land."

Das abgebildete Foto nahm Salgado in Brighton Beach/Brooklyn/New York auf: Dort leben viele russische Juden, die in den 1990er-Jahren im Rahmen eines Einwanderungsprogramms in die USA übergesiedelt waren.

1 Betrachte die Fotografien genau. Was sagen sie über die dargestellten Kinder aus? Wie haben die Fotografen ihre Aufnahmen komponiert? Überlege, wie die Fotos entstanden sind.

2 a) Erörtert die Begriffe „Sozialfotografie" und „dokumentarisch" im Zusammenhang mit diesen Bildern. Erkundigt euch darüber in Büchern und im Internet.
b) Legt für eure Mappe ein Blatt über die Sozialfotografie an.

3 Schau dir ältere Aufnahmen aus Fotoalben und -sammlungen deiner Eltern und Großeltern an.
a) Ordne sie nach den dargestellten Situationen. Welche Augenblicke wurden festgehalten?
b) Wie wurde fotografiert? In welchen Situationen wurden Schnappschüsse gemacht, wann wurde ▸inszeniert und komponiert?
c) Schaue nun deine persönliche Fotosammlung durch. Vergleiche das soziale Leben auf älteren mit dem auf neueren Fotos. Was war damals anders? Was ist gleich geblieben?
d) Untersuche Fotografiegewohnheiten. Welche Rolle spielen heute deiner Meinung nach neue Medien wie Fotohandy und digitale Kamera?

Soziales Leben hat sehr viele Seiten. Nicht immer geht es um Probleme. Der Alltag der Menschen besteht aus vielen verschiedenen Facetten, die glücklich und traurig, langweilig oder reizvoll verlaufen können: Familienalltag, Freizeit, Schulalltag, Arbeitsplatz – dies alles kann Thema der sozialen Fotografie sein.

Themenvorschläge

Beim Aufstehen – Familientisch – Meine kleine Schwester ist da – Spielen – Vor der Glotze – Freunde – Arbeitsplatz Schule – Lernsituationen und Freizeitsituationen in der Schule – Kindergarten – Menschen im Park – Auf dem Markt – Ein Konzert – Am Kiosk – Shoppen – Im Altenheim – Alltag einer Verkäuferin – Im Schwimmbad – Im Krankenhaus – Auf dem Spielplatz – Bei der Feuerwehr – Im Sportverein – Bahnhof – Mein Schulpraktikum

4 Sucht euch in der Gruppe ein Thema, das ihr gemeinsam dokumentieren wollt.
a) Geht z. B. in eine soziale Einrichtung und fotografiert den Alltag dort. Vergesst nicht, dass ihr vorher fragen und Termine machen müsst. Toleriert aber, wenn jemand nicht fotografiert werden möchte.
b) Stellt zunächst mehrere Fotos her und wählt dann die aus, die ihr vergrößern oder ausdrucken wollt.
c) Fertigt je einen Text zu den ausgewählten Fotos an. Der Text kann beschreibend, erläuternd, aber auch in Gedichtform abgefasst sein. Druckt den Text in einer passenden Schrift aus.

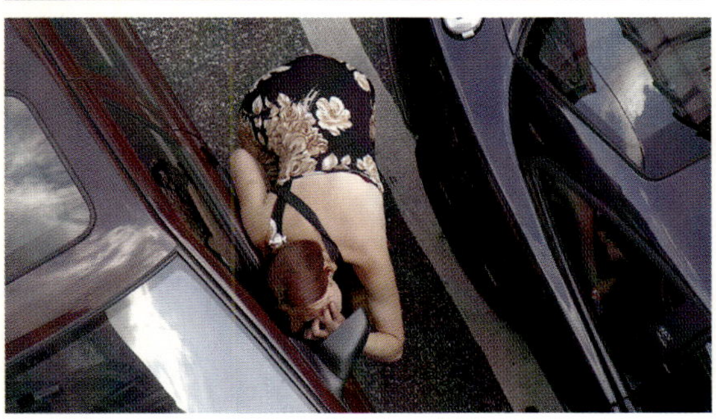

www.marcnesium.de: Hamburg St. Georg, ein Alltagsreport, o. J.

Alltagsfotografie kann heißen, im alltäglichen Einerlei das Besondere zu sehen und Augenblicke festzuhalten – vielleicht auf ungewohnte Weise, als Einzelbild oder Sequenz.

Der Hamburger Musiker und Fotograf Marcnesium sagt: „Kino? Hab ich täglich, wenn ich aus dem Fenster guck." Schon lange wohnt er im Stadtteil St. Georg. Seit 2004 dokumentiert er mit seiner Kamera den Alltag auf der Straße.

5 Woran liegt es, dass die Stadtteildokumentation von Marcnesium ein bisschen an Kino erinnert?

6 a) Fotografiere eine Woche lang jeden Tag zur selben Uhrzeit denselben Ort, z. B. immer wenn du aus der Schule kommst.
b) Notiere in deiner Mappe jeden Tag deine Stimmungslage.
c) Entwickle die Bilder oder drucke sie aus und klebe sie zu diesen Aufzeichnungen. Findet sich das Geschriebene auch in den Bildern wieder?

In eine andere Welt

Johanna Domke: Countrylife, Lambda-Druck auf beschichteter Aluminiumplatte, 90 x 70 cm, 2003

Wer würde nicht gern einmal in eine andere Welt eintauchen, ein anderes Leben ausprobieren? Wer hat nicht schon geträumt, dass sich hinter einer Tür eine andere Wirklichkeit auftut? – Die Künstlerin Johanna Domke (geboren 1978) realisierte in ihrer Fotoserie „Countrylife" einen solchen „Grenztraum", indem sie sich vor retuschierten Werbeplakaten inszenierte und fotografisch in die Welt der Werbung einfügte.

1 a) Befestigt eine Kamera auf einem Stativ und stellt sie vor eurer Klassenzimmertür so auf, dass die Tür als Ganzes durch den Sucher zu sehen ist. Bestimmt mehrere Fotografen und Beleuchter, die sich mit ihrer Arbeit abwechseln.
b) Jeder stellt sich nun vor, hinter der Schwelle des Raumes liege eine andere Welt. Wie fühlt es sich an, in sie einzutreten? Ob ihr nun geht oder springt, die Tür eher mutig oder vorsichtig durchschreitet: Versucht, mit Mimik und Gestik euer Befinden deutlich zu machen. Setzt unterstützend Beleuchtungsmittel für die Darstellung ein.

Nicht mit analogen Mitteln, wie Johanna Domke sie anwendet, sondern mithilfe digitaler Technik sollst du nun deine Vorstellung der „anderen Welt" visualisieren. Die folgende Anleitung hilft dir bei der technischen Umsetzung.

2 Gestalte eine Montage, die zeigt, in welche Welt du eintrittst. Suche dafür Material in deinem privaten Fotoarchiv und/oder im Internet.

Bildbearbeitung mit Einstellungsebenen

Bildbereiche auswählen, kopieren, in eine andere Vorlage kopieren, eventuell noch transformieren – das sind Programmfunktionen, die du inzwischen beherrschst. Doch wenn du Motive aus verschiedenen Vorlagen zu neuen Bildern zusammenfügst, wirken die Ergebnisse oft unstimmig, weil die einzelnen Bildbereiche z. B. farblich nicht ganz zusammenpassen, wie etwa auf Seite 23 oben.

Mithilfe von Einstellungsebenen lässt sich die Qualität einer digitalen Montage gezielt verbessern; bei experimentellem Umgang – kann man sogar futuristisch wirkende Ergebnisse erzielen. So können etwa Tonwertkorrekturen oder Farbveränderungen vorgenommen werden, ohne dabei die ursprüngliche Ebene zu verändern. Wie eine Art Schablone liegt die Einstellungsebene zwischen Ebene und sichtbarer Oberfläche: Hier werden nur die Informationen einer Änderung gespeichert. Der Vorteil der Bildbearbeitung mit Einstellungsebenen ist, dass jede einzelne Ebene fortwährend verändert werden kann. Zudem lassen sich die in den Einstellungsebenen vorgenommenen Bearbeitungen mithilfe eines Malwerkzeuges auch noch gezielt partiell variieren oder korrigieren.

Das auf Seite 23 oben rechts abgebildete Beispiel wurde aus drei Elementen montiert. Um die verschiedenen Bildteile einander qualitativ anzugleichen, wurden mithilfe von Einstellungsebenen anschließend in jeder Ebene Korrekturen durchgeführt. Die Bearbeiterin aktivierte dazu mit einem Klick auf das schwarz-weiß gefüllte kreisförmige Symbol in der Ebenenpalette die zu bearbeitende Ebene und erzeugte damit eine neue Einstellungsebene. Mit einem solchen Klick auf das Symbol öffnet sich ein Pull-Down-Menü, in dem verschiedene Dialogfelder wie Tonwertkorrektur oder Farbton/Sättigung anwählbar sind.

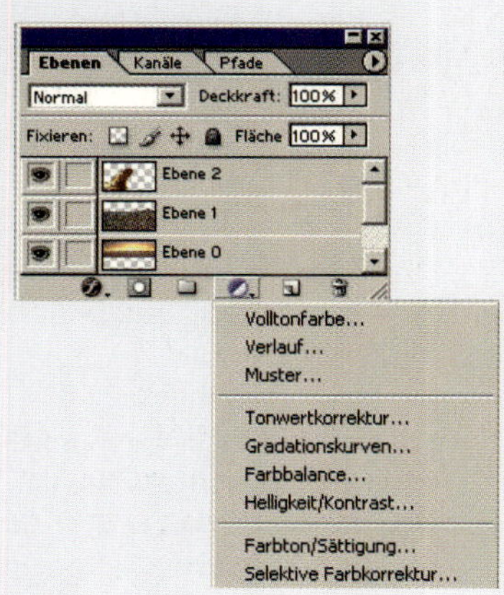

Sobald ein Dialogfeld angeklickt ist, erscheint die Einstellungsebene als neues Miniaturbild in der Ebenenpalette.

Die Einstellungsebene ist in der Ebenenpalette zunächst nicht an eine Ebene gebunden. Damit Korrekturen für jede Ebene separat durchgeführt werden können, ist es also notwendig, sie mit der Ebene zu verbinden, auf die sie sich beziehen soll: Gehe bei gedrückter Alt-Taste mit dem Cursor in die Ebenenpalette zwischen Ebene und Einstellungsebene: Sobald der Cursor sich verändert, klickst du – schon sind Ebene und Einstellungsebene verbunden. Es können übrigens mehrere Einstellungsebenen übereinander erstellt werden. Mit einem Doppelklick auf das Miniaturbild kann die Einstellung permanent verändert oder auch komplett gelöscht werden, indem die Einstellungsebene mit gehaltener Maustaste in den Papierkorb der Ebenenpalette rechts unten gezogen wird.

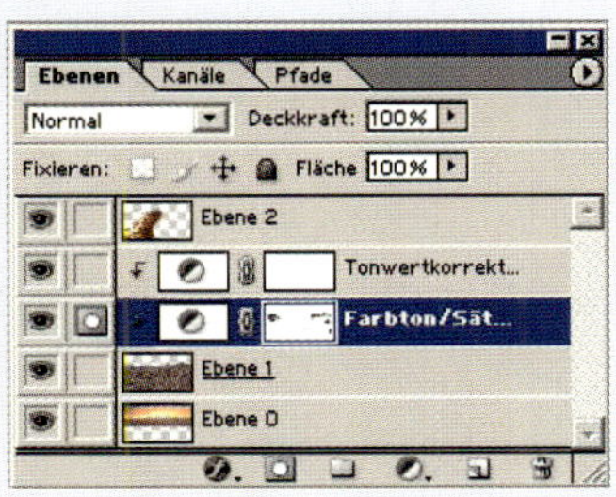

Innerhalb einer Einstellungsebene vorgenommene Veränderungen lassen sich gezielt partiell bearbeiten. Z.B. kann ein Malwerkzeug, das in der Werkzeugleiste platziert ist, genutzt werden, um Bereiche von einer Farbveränderung auszuschließen: Wird mit schwarzem Pinsel gemalt, so erscheinen diese Bereiche der jeweiligen Einstellungsebene transparent, d.h., hier wird die vorgenommene Veränderung aufgehoben, bei grauem Farbton wird die Einstellungsebene nur teilweise sichtbar. Mit einem weißen Malwerkzeug lassen sich diese Veränderungen rückgängig machen. Die Bearbeitung wird in dem Miniaturbild angezeigt.

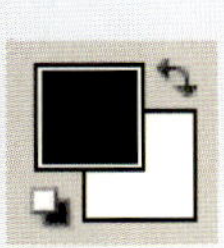

Unten in der Werkzeugleiste kann die Farbe eingestellt werden. Per Klick auf das Symbol öffnet sich der Farbwähler.

Montage aus drei verschiedenen Bildern: Sonnenuntergang, Gesteinswüste, Leguan

Rote Komposition

Grüne Komposition

Tonwertkorrektur

Mit der Tonwertkorrektur können u.a. Beleuchtungsfehler durch Aufhellen oder Abdunkeln ausgeglichen werden, sodass das Bild brillanter und kontrastreicher erscheint. Das Herzstück dieses Dialogfeldes ist ein ▸ Histogramm. Es zeigt die Verteilung der Tonwerte oder Helligkeitsstufen von 0 (Schattenregion) bis 255 (Helligkeitsregion). Die Tonwertkorrektur kann mittels der Regler unterhalb des Histogramms vorgenommen werden. Mit dem schwarzen Regler werden die dunklen Bereiche des Bildes eingestellt, mit dem grauen die Mitteltöne und mit dem weißen die Lichtpartien.

Farbton/Sättigung

Durch geringe Änderungen im Dialogfeld Farbton/Sättigung können Farbstiche in einem Bild ausgeglichen oder bewusst ▸ Farbstimmungen erzeugt werden. Mithilfe des Schiebereglers > Sättigung kann aus einem alten verblassten Bild wieder eines mit kräftigen Farben werden. Genauso ist es möglich, die starke Sättigung von modernen Digitalkameras zu verringern. Auch können einzelne Farbbereiche durch die Auswahl im Listenfeld Bearbeiten gezielt verändert werden. Mit dem Regler Farbton kann die gesamte Farbigkeit des Bildes manipuliert werden.

Entdeckt und inszeniert

Wolfgang Tillmans: Graue Jeans über Treppengeländer, Foto, 1991

Roman Schramm: Ohne Titel, Farbdruck, 42 x 32 cm, 2000

Hast du schon mal daran gedacht, einen Türgriff, einen Kugelschreiber oder eine Suppenkelle zu fotografieren? Es sind ganz normale Gegenstände, die im Alltag eine Rolle spielen, oft ohne unsere Aufmerksamkeit zu wecken. Sie stehen in Regalen und auf Tischen, sie hängen an der Wand. Die meisten Menschen haben viele Dinge zusammengetragen: Gebrauchsgegenstände, die sie verwenden, die gepflegt und gereinigt werden müssen, Dekorationsgegenstände, aber ebenso zufällig gefundene und völlig nutzlose Dinge, von denen man sich nicht trennen kann oder die einfach vergessen wurden. Bevor diese Dinge in einen Haushalt kamen, wurden die meisten als Waren, zum Kauf angeboten. Erst indem Menschen sie in ihren Lebenszusammenhang aufnehmen, werden Gegenstände ein Teil ihres Alltags.

Gegenständen haften Geschichten an, die im Foto zum Thema gemacht werden können. Die Künstler Roman Schramm und Wolfgang Tillmans etwa hielten Kleidungsstücke im Bild fest, die Gebrauchsspuren aufweisen und so eine Geschichte ihrer Benutzung vorstellbar machen. Wie setzten sie die Dinge ins Bild?

Das Tuch

Am Morgen
Gefaltet mit seinen wilden Blumen
Gewaschen und gebügelt
Nimmt es nur wenig Platz ein in der Schublade

Sie schüttelt es auf
Und schlingt es sich um den Kopf

Am Abend legt sie es ab
Und lässt es noch zusammengeknotet
Zu Boden fallen

Auf einem Baumwolltuch
Hat zwischen gedruckten Blumen
Ein Arbeitstag
Seinen Traum eingeschrieben

John Berger, 1985

1 Vergleiche die Fotos der Kleidungsstücke. Wie wirkt jeweils die Art ihrer Darstellung auf dich?

2 Fotografiere Kleidungsstücke so, dass sie
a) wie zufällig hingeworfen und
b) wie bewusst inszeniert erscheinen.

3 Vergleicht gemeinsam die Ergebnisse und benennt Unterschiede. Fertigt passende Bildunterschriften an.

4 Lest das Gedicht von John Berger laut vor. Erläutert, worin er die Bedeutung der Dinge begründet sieht. Überlegt, wie sich dies fotografisch darstellen lassen könnte.

5 Inszeniert in Partnerarbeit ein Foto zu dem Gedicht.

6 Fotografiere Dinge in deinem Zimmer. Mach sie spannend und fremd durch besondere Aus- und Anschnitte.

Der absichtsvolle Einsatz fotografischer Gestaltungsmittel wie ▸Kameraperspektive, ▸Schärfentiefe oder ▸Ausschnitt kann ein alltägliches, scheinbar unbedeutendes Motiv, z. B. einen Hemdsärmel, zu etwas Besonderem machen, ihm sogar symbolische Bedeutung verleihen oder es fremd erscheinen lassen. Der Eindruck des Fremdartigen ergibt sich besonders dann, wenn nicht zu erkennen ist, in welcher Umgebung das Dargestellte sich befindet. Oft machen sich Werbefotografen diesen Effekt zunutze, etwa um einen Gegenstand aus der Masse der Dinge hervorzuheben oder den Blick des Betrachters auf besondere Eigenschaften zu lenken.
Geht man noch einen Schritt weiter und stellt die Gegenstände bewusst in einen veränderten Kontext, verstärkt sich der Eindruck der Verfremdung. Manchmal können schon kleine Eingriffe in den Kontext des Motivs Befremden auslösen: Eine Türklinke ist mit einem Verband umwickelt, aus der Tonkiste ragt eine Hand heraus …

Mit dem Verfremdungseffekt arbeitet auch die ▸Inszenierte Fotografie. Ihre Vertreter bilden nicht einfach ab, was sie sehen: Angeregt durch Werbefotografie, Bühnenbilder oder Spielfilmsets gestalten sie ihre Motive zunächst als bühnenartige Arrangements, die sie dann fotografieren. Der Künstler Tim Head (geboren 1946) geht in seinen Inszenierungen sogar so weit, dass er die verwendeten Elemente in völlig neue Bedeutungszusammenhänge stellt. So ist bei seinem Werk „Toxic Lagoon" für den Betrachter nicht einmal unmittelbar zu erkennen, aus welchen Gegenständen seine Landschaftsschöpfung besteht.
Auf den Betrachter wirken Fotos solcher Arrangements besonders überraschend: Das Medium Fotografie, das wie kein anderes Bildmedium mit der verlässlichen Wiedergabe von „Wirklichkeit" in Verbindung gebracht wird, zeigt Motive, die sich – bei näherem Hinsehen – als „Schwindel" entpuppen.

7 Nimm einen Alltagsgegenstand, z. B. eine Brille, ein Bügeleisen oder eine Schere.
a) Versuche, ihn einmal „anders" zu sehen, seine Funktion zu missachten und ihm einen fremden Kontext zu geben. Lass dich dabei von Besonderheiten des Gegenstandes anregen. Mache verschiedene Versuche und skizziere deine neue Sicht des Gegenstandes. Binde ihn auch in absurde Handlungen ein.
b) Gestalte die Idee, die dir besonders überzeugend erscheint, in einem Foto, indem du die fotografischen Gestaltungsmittel gezielt nutzt.

8 Untersucht gemeinsam, wie der Eindruck einer „Toxic Lagoon" erreicht wurde. Geht dabei auf das Arrangement und auf die eingesetzten fotografischen Gestaltungsmittel ein.

9 Inszeniert fremdartige Landschaften aus Materialien, die ihr im Haushalt findet.
a) Sammelt Material und entwickelt in Gruppen eine Idee, nach der ihr ein Arrangement erstellt.
b) Fotografiert eure Inszenierungen so, dass die Elemente in ihrem neuen Zusammenhang erst auf den zweiten Blick erkennbar sind. Experimentiert mit den Möglichkeiten der Kamera.

Tim Head: Toxic Lagoon, 1987, Cibachromeabzug, 122 x 152 cm. Foto: Richard Davies

Dinge, Papier und Licht

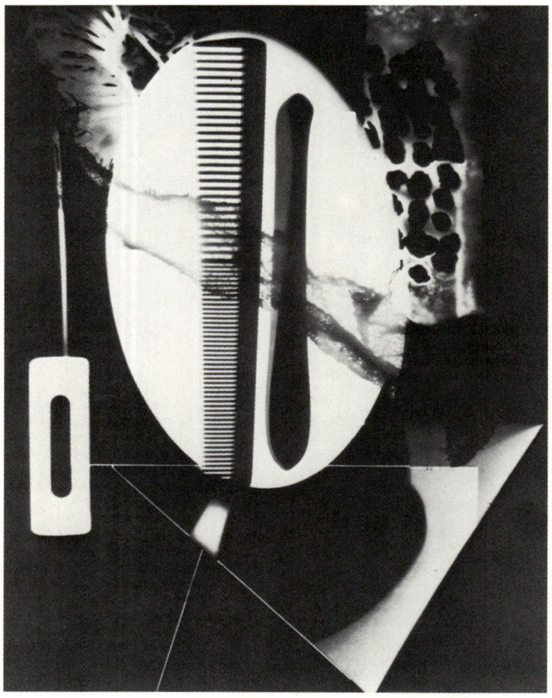

Man Ray: Rayographie, o. T. 1943 Silbergelatinepapier, 35 x 27 cm, Privatbesitz

Fotografie kann mit „Lichtzeichnung" oder „Lichtbild" übersetzt werden. Ihre Erfindung bedeutete einen großen Schritt dahin, ein getreues Abbild der Welt und der Dinge schaffen zu können.
Unmittelbar erleben lässt sich die fotografische Bildwerdung in der Herstellung eines ▸Fotogramms: Ganz ohne Kamera entsteht ein Bild aus Licht. Aber obwohl Fotogramme „mit Licht geschriebene" Abbilder von Gegenständen sind, erscheinen sie oft ein wenig unwirklich und abstrakt. Das mag daran liegen, dass in ihnen Hell und Dunkel vertauscht sind wie in einem Negativ. Der Fotograf René Zuber beschreibt:

„Um ein Fotogramm zu machen, genügen Fotopapier, Entwickler und Fixierer und irgendeine Lichtquelle, die man nach Bedarf ein- und ausschalten kann. Alles, was man auf das lichtempfindliche Papier legt und was das Licht abhält, abschwächt, stört oder ablenkt, schreibt sich nach der Entwicklung in das Fotogramm ein. Man lege eine Vogelfeder, einen Kamm, eine Spiralfeder, ein Lochblech aufs Papier: Alle lichtundurchlässigen Objekte übertragen sich mit absoluter Strenge als weiße Form. Halbtransparente Objekte wie Reiskörner, Zigarettenpapier und Gläser erzeugen Halbtöne. Und ein Gegenstand wie ein Ei, das mit Schlagschatten und Halbschatten auf dem Papier liegt, ruft ein fremdartiges und beunruhigendes Gebilde hervor."

1 Betrachte das Fotogramm von Man Ray.
a) Äußere Vermutungen darüber, welche Materialien verwendet und wie sie eingesetzt wurden.
b) Finde einen Titel für das Bild.

Erstellen eines Fotogramms

Legt zunächst eine Materialsammlung an:
- kleine Gegenstände (Schlüssel, Schrauben, Bestecke, Gläser, Spangen, Heftklammern)
- Naturfundstücke (Federn, Blätter, Äste)
- weitere Materialien wie Tüll, Spitze, Transparentpapier, Bindfäden, Folien, Lochbleche, Draht, …

Für die Fotoarbeit benötigt ihr ▸Laborzubehör:
- einen vollkommen abgedunkelten Raum, der mit einer roten Fotolampe beleuchtet werden kann
- ein Vergrößerungsgerät oder eine Schreibtischlampe mit 60-Watt-Birne
- eine Uhr mit Sekundenzeiger
- vier Fotoschalen (mindestens im Format 15 x 20 cm) mit je einer Fotozange, gefüllt mit: Schwarz-Weiß-Entwicklerlösung, Stoppbad, Fixierlösung, Wasser
- PE-Fotopapier schwarz-weiß, 10x15, Gradation 2

So geht ihr vor:
1. Packt das Fotopapier unter Rotlicht im abgedunkelten Raum aus.
2. Verteilt verschiedene Gegenstände und Materialien, die transparent, durchbrochen oder dicht sein können, auf dem Fotopapier. Ihr könnt auch Salz aufstreuen oder Wassertropfen; ihr könnt das Papier biegen oder den Gegenstand bewegen.
3. Belichtet das Fotopapier mit einem Vergrößerungsapparat oder einer Lampe (Schreibtischlampe 60 Watt, 60–80 cm Abstand) wenige Sekunden.
   Es empfiehlt sich, zuerst kleine Probestreifen zu fertigen, auf die beispielhaft Material aufgelegt wird. Dabei wird jedes Mal die Zeit der Belichtung notiert. So könnt ihr dann beim Realisieren eines ganzen Bildes zielgerichteter vorgehen.
4. Macht das Bild mit Fotochemikalien sichtbar: Nacheinander wird das Foto in das Entwicklerbad (1–3 min), das Stoppbad (3 min), das Fixierbad (5–10 min) und das Wässerungsbad gelegt. Trocknet das Fotopapier auf einer glatten Unterlage.
5. Betrachtet die Ergebnisse und untersucht ihre Wirkung. Ordnet sie und schreibt dazu, wie sie entstanden sind.

Fotogramme können aus Materialien gestaltet werden, die demselben Bedeutungszusammenhang entstammen (z. B. Besteck); sie können aber ebenso auf Material zurückgehen, das unabhängig von seiner ursprünglichen Bedeutung als Struktur oder Form verwendet wird. Oft entstehen abstrakte Kompositionen, aus denen Themen entwickelt werden, wie z. B.: Groß gegen Klein, Neubildungen der Natur, Zauber der Dinge, Natur und Technik. Manchmal können Gegenstände auch so angeordnet werden, dass sie eine Geschichte zu erzählen scheinen. Auch reizt die zuweilen poetisch-geheimnisvolle Wirkung der Fotogramme manche Künstlerinnen und Künstler, sie mit Gedichten in Beziehung zu setzen oder in Anlehnung an Gedichte zu fertigen. Bei nebenstehendem Beispiel war zuerst das Gedicht da.

2 Findet in Gruppen Themen, die zu euren Materialexperimenten passen.

3 Komponiert nun eine Reihe von Fotogrammen zu eurem Thema. Wendet dabei auch gezielt Kompositionsprinzipien an (Seite 11).

4 Auch Scans oder Kopien lassen sich von Gegenständen herstellen. Experimentiert damit.

5 Versucht, das nebenstehende Gedicht in Verbindung mit dem Bild zu deuten.

6 Erweitert eure Fotogrammsequenz durch Texte. Beachtet dazu die Hinweise zur Cluster-Methode. Präsentiert eure Ergebnisse in einem Leporello.

Tullio d'Albisola: Fotogramm zu einem Gedicht des futuristischen Dichters Alidada aus dem Jahr 1936

Öffne die Tür
Und reiche mir die Speise
In Schüsseln
Aus gelber Erde.

Die gehauchte Stimme
Des Glöckleins
Wird mein Gebet sein.

Alidada, 1936

Die Erfindung des Fotogramms war erst möglich, nachdem die Lichtempfindlichkeit bestimmter Stoffe, vor allem der Silbersalze, entdeckt worden und lichtempfindliches Material herstellbar war. Um Fotografien herzustellen, bedurfte es darüber hinaus der Erfindung der Kamera. Etwa seit dem 17. Jahrhundert verbreitete sich unter Künstlern eine Zeichenhilfe, die dem Prinzip einer Kamera sehr nahekam und auf andere Weise als das Fotogramm einfache Bilder aus Licht schuf: die sogenannte Camera obscura oder Lochkamera. Um eine einfache Lochkamera zu bauen, genügt es, eine Papprolle auf einer Seite mit Transparentpapier, auf der anderen Seite mit Alufolie zu bespannen. Mit einer feinen Nadel sticht man ein möglichst kleines Loch in die Alufolie. Das Prinzip ihrer Funktion wird bereits deutlich, wenn die Lochkamera vor eine Lichtquelle, z. B. eine Kerze, gehalten wird. Probiere es aus und beschreibe, was du auf dem Transparentpapier siehst.

7 Erkunde im naturwissenschaftlichen Unterricht oder selbstständig (z. B. im Internet), wie eine Lochkamera als Fotoapparat benutzt wird.

Texte verfassen mit der Cluster-Methode

Du hast drei Minuten Zeit, um einen Cluster zu deinem Fotogramm zu bilden.

Gehe dabei folgendermaßen vor:
- Betrachte das Bild konzentriert.
  Was löst es für Gedanken, Gefühle oder Vorstellungen bei dir aus?
  Finde dafür zuerst einen Begriff oder einen Satz und schreibe ihn in die Mitte eines Blattes.
  Ziehe einen Kreis um das Notierte.
- Von diesem Kern ausgehend werden nun Assoziationen aufgeschrieben.
  Jede Assoziation wird wieder umkreist und mit der vorangehenden Assoziation durch eine Linie verbunden.
- Eine neue Assoziationskette setzt wieder beim Cluster-Kern an, zum Beispiel zur Stimmung oder zu interessanten Bildelementen.
- Jede Assoziation wird notiert. Eine Zensur findet nicht statt.

Nun schreibe in weiteren fünf Minuten mithilfe des Clusters einen Text.
Denk nicht zu lange nach, sondern nimm das Wort, das dich spontan am meisten anspricht. Formuliere damit deinen ersten Satz.
Verwende auch weitere Wörter aus dem Cluster (es müssen nicht alle sein).
Nun lies den Text noch einmal durch und nimm eventuell Verbesserungen vor.

Fotografie und Malerei

Tom Hunter: Tal der Stille, 2000. Fotografie aus der Serie Leben und Sterben in Hackney, 122 x 152 cm.

John Everett Millais: Tal der Stille, 1858. Öl auf Leinwand, 103 x 172 cm. London, Tate Gallery

Der Künstler Tom Hunter inszeniert Fotografien nach Gemälden „Alter Meister". Für seine Fotos geht er oft lange auf Motivsuche, studiert Wetter- und Lichtverhältnisse, macht Probeaufnahmen. Die Arbeit an einem Bild nennt er „einen langen Probenprozess, der dann in einer Aufführung gipfelt". In dem abgebildeten Werk mit dem Titel „Tal der Stille" aus dem Jahr 2000 stellt er das gleichnamige Gemälde des britischen Malers John Everett Millais aus dem Jahr 1858 nach. Millais gehörte den Präraffaeliten an, einer Künstlergruppe, die mit ihrer auf genaue Naturdarstellungen ausgerichteten und zugleich symbolhaften Malerei eine in England bis ins 20. Jahrhundert populäre Kunstrichtung schuf – zu einer Zeit, in der die Industrialisierung sich ausweitete.

Hunter sucht sich seine Modelle in seinem Wohnviertel, dem Londoner Stadtteil Hackney. In den 1990er-Jahren war er der ärmste Stadtteil der Metropole: hohe Arbeitslosenquote, ganze Straßenzüge verwahrlost. Die Modelle sind Hausbesetzer in leer stehenden verfallenen Häusern und Industriebrachen. Das Anliegen Hunters ist es, die Menschen so darzustellen, wie sie sich sehen. Dennoch versteht sich der Künstler nicht als Dokumentarist. Vielmehr versucht er, in idyllische Motivwelten die soziale Realität einbrechen zu lassen und so einem gesellschaftlich stigmatisierten Milieu durch die Kunst eine überzeitliche Würde zu verleihen.

1 Schaut euch die Bilder von Hunter und Millais an. Sprecht über die Wirkung, die sie auf euch haben. Welche Rolle spielt dabei die Fotografie bzw. die Malerei?

2 Beschreibt, wie Hunter bei der Inszenierung vorgegangen ist. Welche Elemente hat er in seine Gestaltung übernommen, was hat er verändert?

3 Das Bild von Hunter könnte eine Momentaufnahme aus einem Film sein – ein sogenanntes ▸ Filmstill. Die beiden dargestellten Mädchen befinden sich wohl gerade im Gespräch. Schreibe im Stil eines Drehbuchs einen Dialog, den die beiden deiner Meinung nach führen könnten (ca. eine DIN-A4-Seite).

4 Sucht euch in Gruppen ein Werk eines „Alten Meisters" für eine eigene Inszenierung aus.
- a) Informiert euch über das Bild und stellt eure Informationen darüber zusammen.
- b) Inszeniert die Darstellung für ein Foto: Entscheidet euch für eine historische oder eine in die Gegenwart übertragene Inszenierung. Versucht dann, die Szenerie und die Atmosphäre des Vorbildes möglichst genau zu treffen. Legt Wert auf entsprechende Requisiten, Personenarrangements, aber auch auf die passende ▸ Beleuchtung.

Einen anderen Weg, Fotografie und Malerei zu verbinden, geht Marc Lüders: Er macht den fotografischen Bildraum zur Bühne seiner Malerei. Mit der Kamera streift der Künstler durch die Gegend auf der Suche nach einem passenden Ort, an dem die Malerei ihren Auftritt haben könnte. Er fotografiert Wiesen, Wälder, leere Plätze in den Randzonen der Städte und fügt später Menschen, Tiere oder mysteriöse Objekte mit dem Pinsel der Fotografie bei. Manche Fotografien übermalt er gänzlich mit Öl und trägt Teile wieder ab. Auch verwandelt er Schwarz-Weiß-Fotografien durch Malerei in leuchtende Farbwerke oder überzieht die Abzüge mit ihrem malerischen Abbild. Die Dunkelkammer seines Ateliers hat das Ausmaß eines geräumigen Wohnzimmers. Gemalt wird dann vor der Staffelei direkt auf dem Foto. Der Künstler sagt von sich, er sei zu siebzig Prozent Maler und zu dreißig Prozent Fotograf. Aber es ist nicht immer ganz klar, was eigentlich was beherrscht: die Fotografie die Malerei oder umgekehrt. Lüders kommentiert: „Mich interessiert am meisten, wie das Bild wahrgenommen wird. Als ein homogenes Ganzes, oder sieht man das Bild vor dem Bild?"

5 Sprecht im Plenum darüber, wie ihr das Bild von Marc Lüders wahrnehmt.

6 Probiere die hier angewendete Technik aus:

a) Suche nach fotografischen Vorlagen und drucke sie auf Fotopapier oder stärkerem Papier aus.

b) Bearbeite dann mit beliebigen Mitteln den Ausdruck (durch Bemalen mit verschiedenen Materialien, Bekleben, Beschneiden, Zerreißen, …)

c) ▸ Scanne dann das Ergebnis wieder ein. Nun kannst du mit ▸ Photoshop Elements weiter experimentieren und dein Bild bearbeiten (z. B. mit verschiedenen Werkzeugen bearbeiten, Filter verwenden, ▸ Farbvariationen vornehmen …)

d) Präsentiere das Ergebnis über den Beamer oder drucke es aus.

e) Sprecht in der Klasse über eure Erfahrungen, die ihr bei dieser experimentellen Arbeit gesammelt habt. Geht dabei insbesondere auf den Stellenwert der unterschiedlichen Medien ein.

Marc Lüders: Figur 701-23-2, 2001, Öl auf C-Print, 22 x 14 cm

Marc Lüders: Figur 701-23-2, 2006, Öl auf C-Print, 22 x 14 cm

Fotogeschichten und Fotoprojekte

Eine hohe Summe Geldes wird in einer illegalen Aktion übergeben … Zwei Personen treffen sich aufgrund einer Kontaktanzeige … Eine unerwartete Begegnung … Mogeln beim Kartenspiel … Ohne Schlüssel vor verschlossener Wohnungstür … Jemand wartet auf einen Anruf …

Situationen wie diese lassen sich wie ein Standbild aus einem Film als Fotografie darstellen. Wenn sie aber – statt nur in einem Foto – in einer ganzen Sequenz dargestellt werden, können sie in ihrer Entwicklung oder aus unterschiedlichen Sichtweisen geschildert werden.
Wie lässt sich eine solche Fotogeschichte gut planen? Viele Filmemacher verwenden sogenannte Storyboards, um jede einzelne Einstellung eines Filmes kurz zu skizzieren. Diese Methode lässt sich auch für die Planung einer Fotogeschichte einsetzen.
Eine Fotogeschichte oder Fotostory verwendet zusätzlich zu Bildern Texte als Erklärung oder Sprechblasen wie im Comic. Diese Ergänzung sollte aber nicht dazu verführen, die fotografischen Mittel zu vernachlässigen!

1 Erste Übungen (Gruppenarbeit): Stellt in einer Sequenz von fünf Fotos eine der genannten Situationen dar. Überlegt, wie ihr Spannung in die Sequenz bringen könnt. Gibt es Kompositionen, die die Situation auf besonders packende Weise vorstellbar machen?

2 Erfindet eine kleine spannende Geschichte für eine Fotostory. Es sollen etwa zwei bis vier Personen darin mitwirken. Jede Person soll eine erkennbare Rolle einnehmen, die durch bestimmte Merkmale charakterisiert ist. Dies können Requisiten oder Kleidungsstücke sein. In der Geschichte sollen ein Telefon oder ein Brief, eine Uhr oder ein Taschenrechner eine wichtige Rolle spielen. Die Geschichte sollte 10 bis 15 Szenen umfassen, die später fotografiert werden.

3 Zeichnet eure Geschichte in einzelnen Bildern auf eine Overheadfolie.
- a) Schneidet sie auseinander und legt sie auf den Projektor.
- b) Versucht, verschiedene Fassungen derselben Geschichte durchzuspielen, und entscheidet euch dann für eine der Fassungen.

Von der Idee zur Fotogeschichte

1. Legt ein Thema fest. (Vorschläge: „Verloren – Gefunden", „Bus verpasst", „Eine fantastische Begegnung". Ihr könnt auch eine Fotogeschichte nach einem Gedicht oder einem Gemälde entwickeln.)
2. Sammelt Ideen zu Inhalt und Verlauf und zur Gestaltung. Besondere Arbeitstechniken wie das Anlegen einer Mindmap können dabei hilfreich sein.
3. Schreibt die Geschichte in ihrem Verlauf stichwortartig auf.
4. Erstellt ein Drehbuch mit Storyboard und beachtet dabei den notwendigen Orts- und Szenenbildwechsel. Überlegt auch, welche fotografischen Mittel (Einstellungsgröße, Kameraperspektive etc.) sinnvoll einsetzbar wären.
5. Erstellt Rollenbeschreibungen für die Mitwirkenden.
6. Legt fest, wer welche Aufgaben in der Arbeitsgruppe übernehmen soll.
7. Entwerft Texte – Sprechblasen und Zwischenkommentare – kurz und prägnant wie im Comic.
8. Fotografiert die Szenen.
9. Stellt die Bilder und Texte als Collage oder am PC zusammen.

Texte einbinden mit Photoshop Elements

Wie du ein Bild aus vielen verschiedenen Bildern am PC neu arrangierst, hast du bereits gelernt (Seite 18). Darüber hinaus bieten Bildbearbeitungsprogramme aber auch die Möglichkeit, Texte einzubinden und zu gestalten.

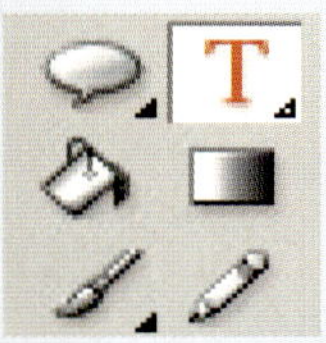

In Photoshop Elements findest du z. B. in der Werkzeugleiste ein Text-Tool. Wähle es an, klicke damit einmal in das Bild und schreibe deinen Text. Photoshop Elements ist allerdings nicht dafür geeignet, längere Textpassagen zu erstellen, sondern empfohlen für außergewöhnliche Schriftzüge oder Bild-/Textgestaltungen. In der Eigenschaftenleiste unter der Menüzeile hast du verschiedene Möglichkeiten, deinen Text zu bearbeiten: Schriftart, -größe und -form zu bestimmen. Mit der Textgestaltung kannst du die Textaussage wesentlich beeinflussen. Probiere es aus, indem du deine Fotostory am PC zusammenstellst.

Gleich neben dem Texttool befindet sich in der Werkzeugleiste ein weiteres nützliches Gestaltungsinstrument für die Erstellung von Fotogeschichten, ein Werkzeug, mit dessen Hilfe man eigene Formen wie z. B. Sprech- oder Denkblasen erzeugen kann. Unter der Rubrik >Eigene-Form-Werkzeug erscheint sogar in der Einstellungsleiste eine fertige umfangreiche Auswahl von Formen, die man in die eigene Gestaltung einbinden und in Farbe (siehe >Farbe einstellen auf Seite 23) und Größe anpassen (siehe >Frei transformieren auf Seite 18) kann. Für jede eingefügte Form erscheint in der ▸Ebenenpalette eine eigene ▸Ebene, sodass sie wie jede andere Ebene verschoben und bearbeitet werden kann.

„Rausgeflogen", ein Abenteuer des Zausel. Links: Storyboard zur Geschichte.

Bewegung in Raum und Zeit

Schon ein einzelnes Foto kann die Vorstellung einer ▸Bewegung vermitteln: ▸Anschnitte oder diagonale ▸Kompositionen unterstützen die dynamische Wirkung eines Motivs, ▸Bewegungsunschärfe vermittelt den Eindruck hoher Geschwindigkeit. Dabei wird ein bestimmter Moment aus einer Bewegung herausgehoben, der oft mit ihrem Wesen zusammenhängt: Der Läufer in horizontaler Verwischung, der Springer diagonal im Bild.

Sportfoto: Eiskunstläuferin.

1 Betrachte das Beispiel aus der Sportfotografie. Wie wird hier Bewegung vermittelt?

2 Wie entsteht Bewegungsunschärfe? Probiert es in Partnerarbeit selbst aus!
   a) Fotografiert sportliche Bewegungen wie Laufen, Fußballspielen, Tanz. Beachtet: Da der Aufnahmeprozess nur schwer zu steuern ist, kann es auch gute Zufallsergebnisse geben.
   b) Schaut euch die Ergebnisse an und vergleicht die Wirkungen der einzelnen Bilder.

David Hockney: Der Eiskunstläufer, Dezember 1982. Fotocollage/Joiner, 66 x 49,5 cm. Privatbesitz

Der 1937 geborene Künstler David Hockney hat fotografisch Bewegung über den Moment hinaus dargestellt. Dazu hat er von einer Situation eine ganze Serie von Fotos hergestellt und sie in einer ▸Montage neu zusammengesetzt, sodass ein zeitlicher Eindruck entsteht. Seine in diesem Verfahren entstandenen Werke nannte er ▸Joiner.

3 Untersucht die Montage Hockneys genau: Was zeigen die einzelnen Fotos? Wie wurden sie zusammengefügt? Welche Eindrücke entstehen?

4 Partnerarbeit: Fotografiert euch gegenseitig in einer Bewegungssituation: laufend, boxend, …
   a) Das Modell führt die Bewegung idealtypisch, eventuell verlangsamt aus. In kurzen Abständen entstehen nun etwa zwanzig Aufnahmen, die die Bewegung in ihrem Verlauf wiedergeben. Der Standpunkt des Fotografen verändert sich mit der Bewegung des Modells. Jedes Motiv sollte das vorherige Motiv überschneiden.
   b) Druckt die Ergebnisse aus und erstellt daraus eine Montage, in der einzelne Motive so übereinandergelegt werden, dass die Bewegung in der Zeit nachvollziehbar wird.

5 Stelle ein statisches Motiv bewegt dar:
   a) Fotografiere in etwa 25 Aufnahmen einen Ort, z. B. einen städtischen Platz, indem du dich mit dem Fotoapparat darin bewegst. Suche dir einen Standpunkt, von dem aus du den Ort erfassen kannst. Bewege dich um die eigene Achse, schau nach oben und unten und gehe parallel am Hauptmotiv entlang. Achte darauf, dass die Ausschnitte einander überlappen.
   b) Drucke die Ergebnisse aus und erstelle daraus eine Montage (weiter wie 4 b).

Filmen, eine Einführung

Daumenkino – Film ohne Kamera

Das ➧ Daumenkino ist ein kleiner Film in Buchform, das schon lange vor dem eigentlichen Kino erfunden wurde und deutlich macht, wie eigentlich Filmsehen funktioniert.
Schon im 19. Jahrhundert entdeckte man den sogenannten ➧ Phi-Effekt: Man fand heraus, dass das menschliche Auge Bilder, die ihm sehr schnell nacheinander präsentiert werden, nicht einzeln wahrnehmen kann. Sind es Bilder desselben Objektes in unterschiedlichen Bewegungsphasen, entsteht der Eindruck einer ➧ Bewegung. Diese Entdeckung führte zu verschiedenen Erfindungen, unter anderem der des Daumenkinos.

1 Verteilt Kurzreferate zu den folgenden Themen:
a) Der Phi-Effekt:
Finde heraus, bei welcher Geschwindigkeit sich der Phi-Effekt einstellt und welche Rolle das beim Betrachten von Filmen spielt.
b) Filmprojektion:
Lies nach, wie ein Filmprojektor funktioniert und wie in der Projektion ein Film wahrgenommen wird.
c) Wunderscheibe, Wundertrommel, Daumenkino:
Forsche im Internet nach Darstellungen der verschiedenen Erfindungen und berichte darüber in der Klasse.

2 Überlege, wodurch sich verschiedene Bewegungsformen – Vorbeischweben, Herunterstürzen, Zusammenstoßen, Wachsen, Hüpfen – unterscheiden.

3 Sammele Ideen für Motive, die zu den verschiedenen Bewegungsformen passen. Unterschiedliche Schwierigkeitsgrade sind möglich (z. B. „Ein hüpfender Ball“ oder „Ein Delfin spielt im Meer, Wolken ziehen am Himmel über ihm“).

4 Entscheide dich für ein Motiv und fertige eine Skizze deines geplanten Daumenkinos an.

5 a) Zeichne dein Anfangsmotiv sorgfältig auf.
b) Überlege genau, wie die gesamte Bewegung ablaufen soll. Geringe Veränderungen von Blatt zu Blatt lassen die Bewegung fließender erscheinen. Nimm dir also nicht zu viel vor!
c) Zeichne zum Schluss noch ein Titelblatt.

6 Legt alle Daumenkinos zum Probieren aus und organisiert einen kleinen Wettbewerb: In welchem Daumenkino kommt die gewünschte Bewegung am besten heraus? Wo passt die Bewegung am besten zum Motiv? Wer hat das schönste Motiv gefunden?

7 Besprecht, was das Daumenkino mit dem Kinofilm verbindet.

Herstellung eines Daumenkinos

Das Daumenkino hat die Form eines Buches oder Blocks. Bewährt hat sich ein Querformat aus mindestens 20 Seiten. Auf die Seiten wird ein Motiv gezeichnet, das von Blatt zu Blatt eine kleine Veränderung erfährt.

Material
- fertiger Block (DIN A6) oder Zeichenkarton (160 g, Format DIN A3–2) je nach gewünschter Seitenzahl
- etwas festerer Karton für den Deckel, evtl. farbig
- Gummibänder, Faden oder Tacker
- Faserschreiber, Bleistift, Buntstifte
- Lineal, Geodreieck, Cutter

Möchtest du einen fertigen Block (etwa DIN A 6) für dein Daumenkino verwenden, achte darauf, dass das Papier nicht zu dünn ist. Wenn du die Seiten aus Zeichenkarton selbst ausschneidest, kannst du ein Blatt im Format DIN A3 in 24 längliche Rechtecke aufteilen. Füge nach dem Schneiden in etwa 1 cm Abstand zum linken Rand oben und unten eine kleine Kerbe ein.
Damit man ein Daumenkino „lesen“ – genauer gesagt: beim „Flippen“ erfassen – kann, sollten die Motive nicht zu kompliziert sein.
Platziere dein Motiv jeweils weit genug rechts im Format, damit es beim Flippen im Blickfeld bleibt.
Verwende beim Zeichnen klare Konturen und möglichst reine Farben.
Lege zum Schluss Blätter und Deckel zusammen. Dort, wo die Kerbe ist, kannst du die Seiten mit einem Gummiring oder mit festem Faden zusammenbinden.

Bespielstreifen aus 3 Blättern

Bewegte Fotografien

Ging es im vorigen Kapitel darum, Bewegung in der Fotografie darzustellen, sollen nun Fotografien tatsächlich in Bewegung gebracht werden, indem sie zu einem kleinen Film arrangiert werden. Viele Dokumentationen, die im Fernsehen gezeigt werden, wurden so hergestellt.

1 Schaut euch eine filmische Dokumentation an, z. B. über eine historische Begebenheit oder über das Leben einer bekannten Persönlichkeit. Achtet dabei darauf, wie Fotografien im Film eingebunden werden und welche Mittel eingesetzt werden, um die Standbilder in Bewegung zu bringen.

2 Erstellt nun auf dieselbe Art und Weise eine Dokumentation, z. B. über sehenswürdige Orte in eurer Region oder den Ausflug in eine andere Stadt.
  a) Nehmt dafür zunächst geeignete Fotos auf, die „besondere" Blicke auf die ausgewählten Sehenswürdigkeiten zeigen.
  b) Arrangiert die Aufnahmen mithilfe eines Videobearbeitungsprogramms zu einem kleinen Film. Beachtet dafür die Hinweise auf diesen Seiten.

Tipp

Um die Aufnahme einer Sehenswürdigkeit als eigene erkennbar zu machen, stellt der Fotografierende häufig eine Freundin/einen Freund ins Bild oder lässt sich selbst vor der Sehenswürdigkeit ablichten.
Eine andere Möglichkeit, der Aufnahme einen eigenen Charakter zu geben, ist es, ein besonderes Objekt in das Foto einzubeziehen – wie etwa Zausel. Dieses Objekt, das sich farbig und in der Form gut von seiner Umgebung abheben sollte, kann wie ein Leitmotiv einen Ausflug begleiten und in jedem Foto irgendwo auftauchen.
Beim Fotografieren sollte besonders auf die Beziehungen zwischen Nah und Fern, Groß und Klein geachtet werden.

Eine Software für Videobearbeitung, mit der sich Bilder zu einem kleinen Film arrangieren lassen, ist MAGIX Video deluxe 2006:

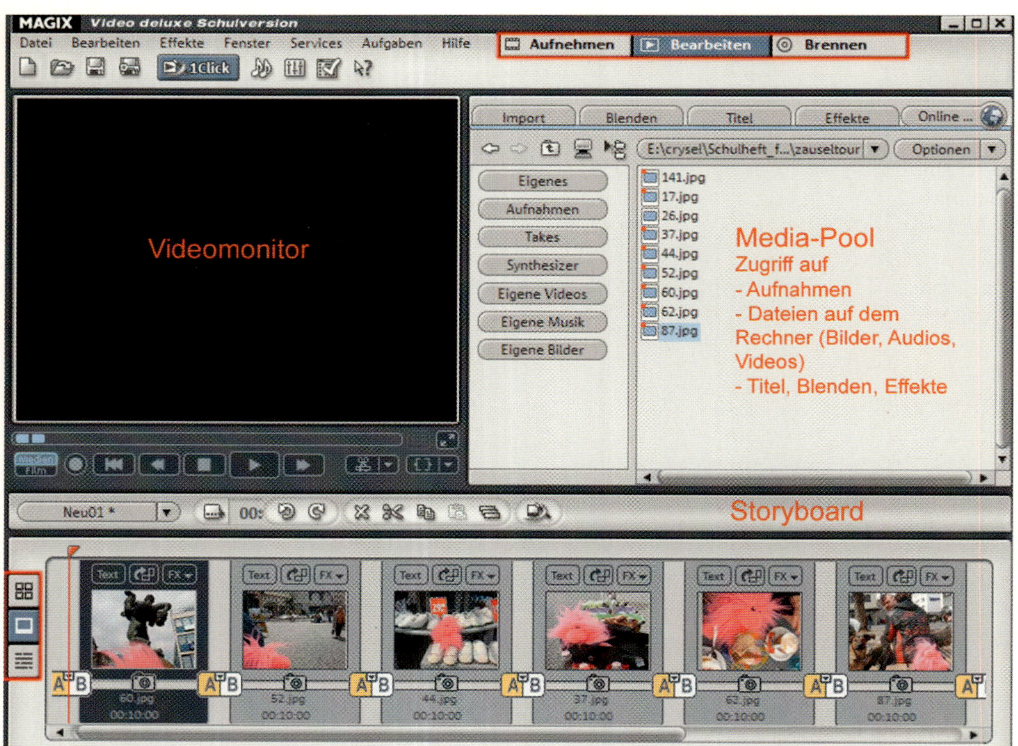

MAGIX hat drei Oberflächen für die wichtigsten Arbeitsschritte, die rechts neben der Menüleiste anwählbar sind:
- *Aufnehmen: Video- und Audiodateien, aber auch Einzelbilder von externen Geräten können über eine Schnittstelle auf den PC gespielt werden.*
- *Bearbeiten: Der Film wird erstellt: Video- und Audioaufnahmen werden geschnitten, bearbeitet, mit Titeln und Effekten versehen.*
- *Brennen: Das Projekt wird gesichert.*

Im unteren Bereich des Fensters befindet sich die eigentliche Bearbeitungsoberfläche. Mit den drei Icons links kann man zwischen drei verschiedenen Bearbeitungsmodi wählen:
- *Die Szenenübersicht ermöglicht die Anzeige von Szenen auf mehreren Zeilen untereinander.*
- *Im Storyboardmodus können Aufnahmen mit Effekten versehen werden.*
- *Im Timelinemodus können weitergehende Bearbeitungen (z. B. Filmschnitt) vorgenommen werden.*

Über den Media-Pool von MAGIX kannst du auf deine gespeicherten Aufnahmen zugreifen. Wichtig ist, dass du die Fotos zuvor mit einem Bildbearbeitungsprogramm auf die richtige Größe transformiert (Seite 11) und im richtigen **Dateiformat** abgespeichert hast.

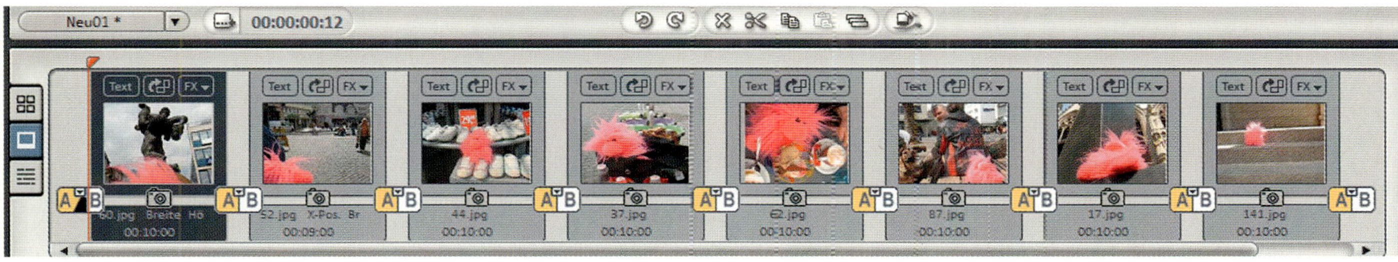

Erstellen eines Films mit Fotovorlagen

Vorbereitung

Jedes Foto, das in den Media-Pool gezogen wird, erscheint dort als Objekt. Die Auflösung für DV beträgt 720 x 576 px und für digitalisiertes VHS bzw. SVHS 768 x 576 px. Gängige Grafikformate wie .psd, .jpeg, .gif, .tif können von MAGIX Video deluxe 2006 importiert werden. Wähle die Bilder an, die du als kleine Dokumentation zusammenstellen möchtest, und ziehe sie mit gehaltener Maustaste in den im unteren Fenster gelegenen Bearbeitungsbereich. Sobald sie hier hintereinander platziert sind, kannst du sie als kleinen Film über den Videomonitor anschauen.

Arbeiten im Storyboardmodus

Der Storyboardmodus ist geeignet, um Objekte im Handumdrehen mit Übergängen und Effekten zu versehen. Jede Szene wird mit einem Vorschaubild auf dem Storyboard dargestellt und ist einzeln bearbeitbar, indem sie per Mausklick aktiviert wird. Jede Veränderung wird sofort über den Videomonitor angezeigt.

Mit einem Texteditor, der oberhalb des Vorschaubildes anwählbar ist, hat man die Möglichkeit, seinem Film einen Titel und Untertitel, aber auch Filminformationen hinzuzufügen. Per Mausklick öffnet sich ein Fenster, in welchem sich selbsterklärend der Text gestalten und bewegen lässt.

Hinter dem Icon FX verbergen sich verschiedene Effekte, die auf das angewählte Objekt angewendet werden können. Sehr häufig genutzte Effekte beim Arrangement von Einzelbildern sind Bewegungen innerhalb eines Standbildes, z. B. ein Schwenk innerhalb eines Bildes von links nach rechts oder von oben nach unten.

Weitere Effekte befinden sich im Media Pool und können einfach mit gehaltener Maustaste auf die Objekte ins Storyboard gezogen werden.

Dynamik kann aber auch durch eine schnelle Schnittfolge hintereinander abgespielter Einzelbildaufnahmen suggeriert werden. Die Anzeigedauer der einzelnen Bilder lassen sich mit einem Klick auf die Zeitangabe unterhalb des Vorschaubildes einstellen.

Weitere Gestaltungsmöglichkeiten bietet die programminterne Blendenfunktion, die sich mit dem Icon A/B aktivieren lässt und eine Vielzahl von Übergängen zwischen den einzelnen Bildern ermöglicht, sowie das Video Cleaning. Ein Klick auf den Fotoapparat unterhalb des Vorschaufensters öffnet ein Fenster. Hier hat man die Möglichkeit, die Bildqualität mittels Helligkeit und Kontrast-, Farb- und Bildschärfenkorrektur zu optimieren oder aber auch bewusst künstlerische Effekte zu erzielen, indem man die Einstellungen z. B. übersteuert.

Auch wenn das Angebot verlockend ist, sollte nicht die ganze Palette an Effekten in einem Film angewendet werden. Der Einsatz von Texten, Blenden und Übergängen sollten auf Sinn und Notwendigkeit sowie auf ästhetische Erscheinung überprüft werden. Weniger ist meistens mehr!

Daten sichern

Am Ende des Projekts lässt sich eine CD-ROM, Video-CD, Super-Video-CD oder -DVD brennen, die auf dem Computer oder auf jedem dafür geeigneten Player abgespielt werden kann.

Erste Filme

Die bereits bekannten Bildgestaltungsprinzipien der Fotografie solltest du auch beim Filmen anwenden, um Wirkungen und Aussagen zu erzielen. Dazu gehören:
- die Wahl der Einstellungsgröße (Seite 7)
- die Wahl des Bildausschnittes (Seiten 8/9)
- die Wahl der Kameraperspektive (Seiten 12/13).

Beim Filmen sind aber noch weitere Gestaltungsaspekte von Bedeutung, nämlich die Dauer einer Einstellung und die verschiedenen Möglichkeiten der Kameraführung. Mit der folgenden Übung könnt ihr erkunden, wie lange eine Einstellung dauern muss, um das Dargestellte wahrzunehmen:

1 Lasst euch Videosequenzen oder auch Fotografien mit verschiedenen Einstellungsgrößen eines Motivs über den Beamer zeigen. Klopft auf den Tisch, sobald ihr den Inhalt erfasst habt, und notiert, wie lang die Einstellungsdauer bei einer Totalen, Halbtotalen, Nahaufnahme oder Detailaufnahme sein sollte.

Filmen erfordert Teamarbeit. Um die folgenden Übungen zu bearbeiten, solltet ihr die Aufgaben unter euch verteilen, euch hin und wieder aber auch mal abwechseln. Wer kümmert sich um die Kamera und sorgt dafür, dass der Akku voll ist und Kassetten bereitliegen? Ton und Musik – wer ist zuständig? Wer kümmert sich um Maske, Kleidung und Drehort? Wer spielt, wer führt Regie?
Ein Drehplan hilft, den Überblick über die Organisation eines Films zu behalten.

Szene Nr.	Drehort	Darsteller	Regie	Requisite	Technik
1	Schule, Raum Nr. 37	Ole, Kai, Jan, Olga	Werner, Ursula	Kreide, Tafel, Lappen	Kamera, Lampen, Mikro

Muster Drehplan

Bei euren ersten Filmversuchen solltet ihr den Kameraschnitt anwenden: Nehmt die Bilder in Reihenfolge und Länge so hintereinander auf, dass euch zum Schluss bereits der fertige Film vorliegt. Ihr müsst also z. B. darauf achten, dass eure Einstellungen beim Drehen nicht zu lang sind, sodass im Nachhinein kein Schnitt nötig ist.
Unser Gehirn vervollständigt Wahrgenommenes. Deswegen reicht es, sich auf die Darstellung des Wesentlichen zu beschränken. Stimmt die einzelnen Einstellungen stets mit der vorangegangenen und der folgenden Einstellungen ab. Vermeidet es, gleiche Bildinhalte und ähnliche Einstellungen hintereinander zu zeigen.

Übung 1: Kameraführung

Standaufnahmen
Unsere Augen fixieren Objekte so lange, bis das Gehirn sie identifiziert hat. Erst dann springen sie zum nächsten Motiv. Daher kommt unserer Wahrnehmung eine Aneinanderreihung mehrerer Standaufnahmen in einer Szene entgegen.
- Ein Schüler kommt zu spät, tritt ein und geht zu seinem Platz. Wie reagiert der Lehrer? Erzählt die Szene ausschließlich mit Standaufnahmen. Setzt verschiedene Einstellungsgrößen und Einstellungslängen ein. Diskutiert die Ergebnisse.

Bewegte Kamera
Kamerabewegungen sollten gezielt eingesetzt werden. Grundsätzlich werden zwei Formen unterschieden: Schwenk und Fahrt. Bei einem Schwenk wird die Kamera vertikal, horizontal oder diagonal um eine feste Achse bewegt. Der Kamerastandpunkt ändert sich dabei nicht. Eine Kamerafahrt beschreibt die Bewegung einer Kamera entlang einer bestimmten Strecke. Spielfilmproduktionen nutzen dafür spezielle Schienen oder Kräne, es eignen sich aber auch Rollbrett, Rollstuhl oder eine Autofahrt. Probiert verschiedene Möglichkeiten der bewegten Kamera aus, indem ihr eine einfache Aktion filmt, z. B. wie ein Schüler aufsteht und zur Tafel geht, um etwas zu skizzieren:
- Überlegt vor der Aufnahme genau, wo der Schwenk bzw. die Fahrt beginnen und wo er/sie enden soll. Probiert verschiedene Geschwindigkeiten aus. Eine „Probefahrt" im Sucher lohnt allemal.
- Stellt die kürzestmögliche Brennweite (weiter Winkel) ein, damit eine akzeptable Schärfe bei der Kamerabewegung erlangt wird.
- Wertet die Ergebnisse aus und überlegt, wann Schwenk oder Fahrt angebracht ist.

Stativ oder Handkamera?
Probiert den Unterschied zwischen Stativkamera und Handkamera aus. Bei letzter Variante sucht euch eine stabile Körperhaltung oder einen Gegenstand zum Abstützen. Worin liegen die Vorteile beider Alternativen, worin die Nachteile?

Subjektive Kamera
Die Kamera kann die Perspektive einer Figur einnehmen. Ist die Kameraführung auf eine subjektive Sicht ausgerichtet, spricht man von subjektiver Kamera. Filmt in zwei bis vier Einstellungen:
- Ein Schüler träumt sich nach draußen. Dreht die Szene so, dass die Kamera die Sicht des Schülers wiedergibt und danach so, dass sie die Perspektive der Lehrkraft einnimmt, die ihn beobachtet.

Übung 2: Filmen mit Konzept

Die ersten Filmversuche habt ihr ohne gründliches Konzept aus der Situation heraus gemacht. Euer nächstes Filmprojekt soll nun genauer durchdacht und geplant werden. Ihr habt dazu bereits das Instrument des ▸ Storyboards kennengelernt.
Hier sollt ihr es wieder anwenden:
- Entwickelt eine Idee für einen ca. eine Minute dauernden Film, in dem folgende Begriffe/Bilder vorkommen: „Stuhl, Handy, gehetzt“ oder „Fuß, Lippen, hungrig“.
- Fertigt ein ▸ Drehbuch mit Storyboard und dreht den Film dann im Kameraschnitt ab.

Einstellung: Nummer/ Dauer	**Storyboard-skizze**	**Kameraeinstellung Kamerabewegung Kameraperspektive**	**Beschreibung des Inhalts (Bildmotiv, Handlung)**	**Sprache Geräusche Musik Sonstiges**

Drehbuchschema.
- *Die Einstellungen (von Schnitt zu Schnitt) werden durchnummeriert.*
- *Eine Storyboardskizze gibt die wichtigsten Bildelemente der Einstellung im richtigen Ausschnitt an.*
- *Kameraeinstellungen (wie Totale = T, Detail = D) und Bewegungen (wie Schwenk = S) sollten abgekürzt eingetragen werden.*
- *Unter Beschreibung wird der wesentliche Inhalt der Einstellung knapp dargelegt. Auch handelnde Personen, Ausstattung, Drehort sollten schriftlich festgelegt werden*

Übung 3: Tricks, Träume und Experimente I

Wirklichkeitsnähe und Unwirkliches liegen im Film nah beieinander. Der Film ist besonders geeignet, Unwirkliches wahrhaftig erscheinen zu lassen. Selbst mit einer einfachen Videokamera lassen sich solche Eindrücke mithilfe einiger Tricks realisieren.

Der Stopptrick
- Stellt die Kamera auf ein Stativ. Sie bleibt während des Filmens fest eingestellt. Das Motiv ist eine Reihe von Gegenständen oder Personen. Zunächst sind alle Elemente da. Es wird kurz gefilmt. Dann wird ein Element entfernt, es wird wieder ein Stück gefilmt, ein weiteres Element wird entfernt und so fort.
- Schaut euch das Ergebnis an. Was für ein Eindruck entsteht? Überlegt gemeinsam, wie er entsteht. Entwickelt Filmideen, für die man diesen einfachen Trick verwenden könnte.

Übung 4: Tricks, Träume und Experimente II

Verfremdungen
- Filmt ein Motiv in einem Spiegel, der besondere Effekte hervorbringt, z. B. ein zerbrochener Spiegel oder ein Vergrößerungsspiegel. Auch in einer großen, dunklen, mit Wasser gefüllten Schale können Spiegelungen erzeugt werden: Filmt das Motiv in ruhigem und bewegtem Wasser.
- Filmt euer Motiv durch verschiedene Gläser, Gaze, durchsichtige Stoffe.
- Sichtet die Filmexperimente. Notiert genau, wie die gelungenen Ergebnisse entstanden sind. Überlegt euch Filmthemen, in denen man diese Verfremdungen anwenden kann (z. B. Traum, Fantasy).

Einstellung

kleinste Einheit, Bildfolge von Schnitt zu Schnitt

Szene

geschlossene Einheit in Realzeit, Kontinuität von Zeit und Raum

Filmsequenz

logische Folge von Einstellungen oder Szenen, wobei das Zeit- und Raumkontinuum aufgehoben sein kann

2 Plant und dreht einen ein bis zwei Minuten langen Film, der damit beginnt, dass eine Person durch eine Tür, einen Tunnel geht oder in einen Traum fällt. Wendet Tricks dabei an. Überlegt, wie man den Übergang darstellen kann.

Filmmontage

Der russische Filmemacher Lew Kuleschow (1899–1970) hat in einem Experiment untersucht, wie Menschen Bilder wahrnehmen, die ihnen im Film nacheinander gezeigt werden. Er beschreibt: „Aus alten Filmen nahm ich eine Einstellung mit dem Schauspieler M. und fügte sie mit verschiedenen anderen Einstellungen zusammen." So wurde das Bild des Mannes z. B. mit den Bildern eines Gefängnisses, einer Suppe, einer schönen Frau, eines Sarges verknüpft. Alle entstandenen Sequenzen wurden Versuchspersonen vorgeführt. Es zeigte sich, dass sie dem Mann in jeder Sequenz eine andere Gefühlsregung zuwiesen. Kuleschows Fazit war, dass die Montage es dem Filmemacher ermöglicht, die Wirkung eines Motivs zu beeinflussen.

1 Versucht, das Experiment selbst nachzuvollziehen.
a) Kopiert die Fotos, schneidet sie auseinander und gebt die Sequenzen einzeln anderen Probanden. Lasst sie die dargestellte Situation und die Gefühle der männlichen Person deuten.
b) Wertet die Ergebnisse in der Klasse aus.

Der Kuleschow-Effekt

Dass ein Motiv durch Montage symbolische Kraft entwickeln kann, nutzten als Erste die Regisseure der Stummfilmzeit, denn sie waren gezwungen, ihre Aussagen allein durch Bilder zu vermitteln. Die von ihnen entwickelte Bildsprache des Mediums Film ist im Wesentlichen bis heute gültig geblieben.

Der russische Stummfilmregisseur W. I. Pudowkin (1893–1953) sagte, man müsse „plastisch bildhaftes Material" – „sprechendes" Bildmaterial – finden, um im Film Bedeutung herzustellen. Wie eine Art Leitmotiv will er es mit einer Situation oder Handlung verknüpft sehen: Auf diese Weise kann eine Person durch ein Requisit (z. B. einen Koffer oder eine Uhr) oder durch Handlungen (z. B. das Streicheln einer Katze) gekennzeichnet werden. Auch über die Gefühle der Protagonisten kann „plastisches Material" Auskunft geben.

Wenn Regisseure Motive absichtsvoll miteinander kombinieren, um den Betrachter gezielt zu Assoziationen zu veranlassen, spricht man von assoziativer Montage. Dabei können die einander zugeordneten Motive aus völlig verschiedenen Kontexten kommen und scharf zusammengeschnitten sein. So zeigt Charlie Chaplin in „Modern Times" Arbeiter und Schafe unmittelbar hintereinander, um die Lage der Arbeiter anzuklagen.

Die Rettung in letzter Sekunde – in einer Mischung aus Opfer- und Helferperspektive – oder die Verfolgungsjagd sind Themen, die typischerweise in Parallelmontage gezeigt werden. In kurzen Schnittfolgen wird sie als Cross Cutting bezeichnet. Parallelmontage setzt Bilder und Einstellungen zusammen, die die Gleichzeitigkeit zweier räumlich oder zeitlich getrennter Handlungsstränge signalisieren: Während die Badewanne überläuft, telefoniert Herr X in aller Ruhe. Oder: Als „Rückblenden" werden Erinnerungen in Szene gesetzt. Oft treffen auch zwei Handlungsstränge zusammen.

2 Überlegt, welche symbolische Bedeutung folgende Motive einnehmen könnten: Koffer, Karussell, Fenster, fließendes Wasser, auf den Tisch trommelnde Finger, Plastiktüte im Wind, leerer Sessel.

3 Erfinde „plastisches Material" zur Darstellung von Personen, Gefühlen oder Situationen.
a) Fertigt in Gruppen ein Cluster mit Ideen an. Mögliche Themen: Eile, Gewalt, keine Lust auf Hausaufgaben, nervöser Mensch, verliebtes Mädchen, Zeit vergeht, Erwartung.
b) Filmt eine kleine Sequenz (ca. zwei Minuten) zu einem der gewählten Begriffe oder Motive.

4 Entwickelt Filmideen zu Themen wie Missgeschick, unerwartete Begegnung oder missglückte Verabredung, in denen Parallelhandlungen vorkommen.

Abgebildet sind Filmstills – Standbilder – einer Szene aus dem Film „Lola rennt“ (Spielfilm, Deutschland 1997/98) von Tom Tykwer, der Franka Potente und Moritz Bleibtreu in den Hauptrollen zeigt.
Der Film erzählt die Geschichte von Lola und ihrem Freund Manni: Manni arbeitet für einen Autoschieber. Er hat gerade 100 000 Mark verloren, die er aber in zwanzig Minuten abliefern muss. Sein Leben ist bedroht, wenn es nicht gelingt, das Geld aufzutreiben. Kann Lola ihm helfen? Verzweifelt ruft er sie an …

5 Untersuche die Filmstills.
- a) Rekonstruiere, was gerade im Film passiert.
- b) Was erfahren wir über die Gedanken oder Gefühle der Protagonisten? Wie geschieht dies?
- c) Beschreibe, welche Arten von Montage verwendet wurden.
- d) Mache einen Vorschlag für die Länge der einzelnen Einstellungen.
- e) Tragt eure Untersuchungsergebnisse und Deutungen der Abbildungen zusammen.

6
- a) Nimm einen Werbespot auf und untersuche die Gestaltungsmittel, die dort verwendet wurden.
- b) Präsentiere den Spot mit deinen Untersuchungsergebnissen im Unterricht.

7 Dreht in Gruppen einen Film zum Thema „Warten“ (Länge ca. zwei Minuten), in dem ihr verschiedene Gestaltungsmittel wie Einstellungsgrößen, Kameraperspektive und Montage einsetzt. Orientiert euch dabei an den Hinweisen zu Material und Vorgehen.
- a) Erstellt eine Mindmap zum Thema „Warten“, die verschiedene Arten des Wartens und die damit verbundenen Gefühle einbezieht.
- b) Sammelt Ideen für „plastisches Material“.
- c) Entscheidet euch in der Gruppe für ein konkretes Thema und nehmt ggf. eine Arbeitsteilung vor, um den Film vorzubereiten. Es ist auch denkbar, dass zunächst jeder eine Idee skizziert und die beste dann ausgewählt wird.

Material
- Digitale Videokamera mit geladenen Akkus
- Stativ
- Filmlampen (eventuell)
- das von der Gruppe festgelegte Ausstattungsmaterial

Vorgehen
- Entwickelt eine Idee für einen Plot (Handlung) und schreibt ihn auf.
- Entwerft ein Drehbuch mit Storyboard (S. 30).
- Legt Orte, Personen und Ausstattung fest.
- Verteilt die Aufgaben. Denkt auch daran, dass ein Filmtagebuch geführt und das gesamte Material in einer Mappe gesammelt werden sollte.
- Erstellt einen Drehplan.
- Führt einen Gerätecheck durch.
- Dreht die Szenen möglichst schnell hintereinander ab.
- Prüft Dauer und Inhalt der einzelnen Szenen und beurteilt, ob sie den im Drehbuch formulierten Absichten gerecht werden.
- Erstellt dazu ein Bandprotokoll.

Szene	Timecode	Beschreibung	Anmerkung
1	0:01–0:12	Totale: X vor Kino hin und her gehend;	Menschen laufen durchs Bild

Bandprotokoll in tabellarischer Form. Es dient der genauen Erfassung des vorhandenen Filmmaterials, die Voraussetzung für eine Beurteilung und Auswahl der Szenen ist.

Digitale Videobearbeitung

Auf den folgenden Seiten lernst du am Beispiel der bereits eingeführten Videobearbeitungssoftware MAGIX Video deluxe das technische Werkzeug für den digitalen Videoschnitt kennen. Da sich die meisten Videobearbeitungsprogramme ähneln, kannst du die einzelnen Schritte aber auch anhand anderer Programme nachvollziehen.

Ein Hinweis: Die Einführung gibt Einblick in grundlegende Möglichkeiten. Falls du dich jedoch intensiver mit dieser Technik befassen möchtest, sei auf die Hilfefunktion des Programms MAGIX Video deluxe hingewiesen. Sie bietet ein umfassendes Nachschlagewerk über Programmfunktionen und technische Hintergründe.

Bevor du mit der Videobearbeitung beginnen kannst, musst du zunächst das Rohmaterial, das zu einem Film arrangiert werden soll, auf den PC überspielen. Im Folgenden wird exemplarisch die Aufnahme von einer Digital-Video-Kamera (DV-Kamera) erklärt. Als Hardware wird ein DV-Camcorder sowie eine DV-Schnittstelle (FireWire oder iLink) am PC benötigt. Außerdem muss auf dem PC Microsoft DirectX8a (oder eine höhere Version) installiert sein. DirectX ist eine Zusammenstellung verschiedener Programm-Komponenten auf Windows-Rechnern für Anwendungen im Multimedia-Bereich.

Führt in Partnerarbeit folgende Schritte durch:

1. Verbindet den ausgeschalteten Camcorder mit der FireWire Karte des PCs.
2. Schaltet den Camcorder in die Betriebsart „Videorecorder“ oder „Playback“.
3. Bei der Software MAGIX Video deluxe muss nun die „Aufnahme“-Oberfläche geöffnet und das Feld „Aufnahme“ ausgewählt werden. Als Aufnahmequelle gebt „Digital Video (DV)“ an.
4. Benennt die Aufnahme.
5. Steuert nun mit den Buttons der „Fernsteuerung“ die Stellen auf dem Band des Camcorders an, die auf den PC übertragen werden sollen. Macht euch zuvor ein Schnittprotokoll, damit ihr nur die Szenen überspielt, die ihr später auch wirklich braucht. (DV-Aufnahmen benötigen ca. 220 MB pro Minute Video!)
6. Beginnt die Aufnahme mit dem „Record“-Button.
7. Beendet die Aufnahme mit „Stop“ und verlasst den Aufnahmedialog.
8. Die Filmaufnahmen seht ihr jetzt in der Filmleiste der Software.

Schnittprotokoll

Ein Schnittprotokoll sollte Angaben zu folgenden Punkten umfassen: Filmtitel, Zählerstand, Zeit (Dauer), Kurzbeschreibung des Inhalts, Schnitthinweis, Szene, evtl. Bemerkungen

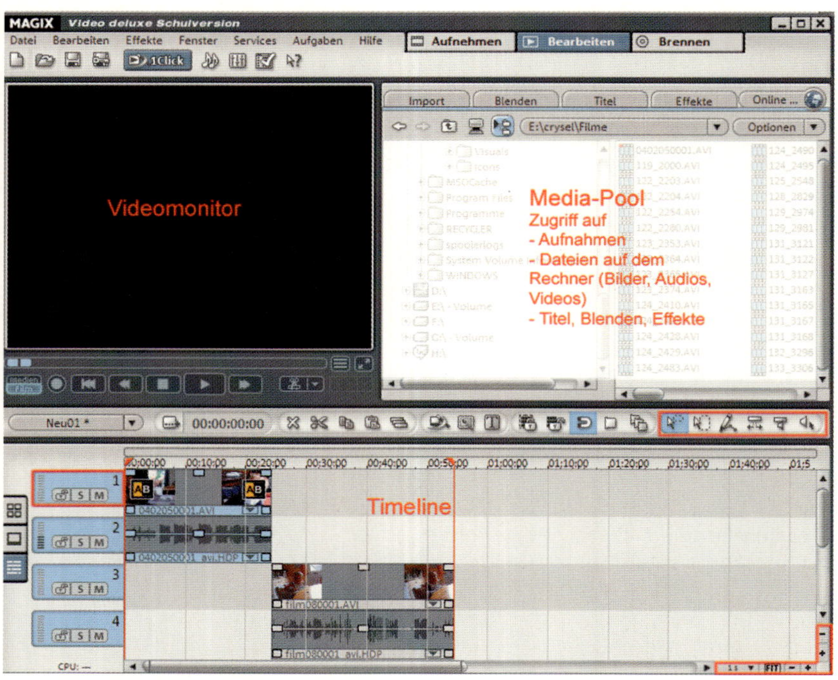

Monitor mit Videobearbeitungsprogramm im Timeline-Modus

Timeline-Modus

Bei der Animation der Fotogeschichte hast du bereits mit dem Storyboardmodus des Programms MAGIX Video deluxe 2006 gearbeitet (Seite 34–35). Nun sollst du den Timeline-Modus kennenlernen, der eine Oberfläche für weitergehende Bearbeitungen bietet: Nachvertonung, professioneller Schnitt, genau eingestellte Überblendungen und gezielte Effektbearbeitungen: Videos, Sounds, Musik, Fotos, Grafiken, Text oder Logos lassen sich im Timeline-Modus auf verschiedenen Spuren bearbeiten, schneiden, überblenden und mit Effekten ausstatten.

Am Anfang jeder Spur befindet sich eine Spur-Box (s. Abbildung), auf der per Klick auf das Icon mit dem Buchstaben *M* stumm (Mute) geschaltet werden kann oder per Klick auf das Icon mit dem Buchstaben *S* (Solo) einzeln freigeschaltet werden kann. Außerdem kann eine Spur mit dem Schlosssymbol gegen jede Bearbeitung gesperrt werden.

Dateien bearbeiten

Die mit gehaltener Maustaste aus dem Media Pool in eine Spur der Timeline gezogenen Dateien, erscheinen dort als ▸Objekte. Das Prinzip: Hintereinanderliegende Objekte werden nacheinander abgespielt, übereinanderliegende Objekte gleichzeitig. Letzteres gilt z. B. für Video- und Audio-Objekte, die zeitgleich zu sehen und zu hören sein sollen.

Arrangement

Mit gehaltener Maustaste lassen sich die Objekte arrangieren (siehe dazu ▸Intelligenter Mausmodus). Ein Zeitlineal oben im Bearbeitungsfenster gibt die jeweilige Darstellungsdauer der einzelnen Objekte an. Der Bearbeitungsbereich wird mit einem Raster (Abbildung Monitor, S. 40) unterlegt. Das Raster sorgt dafür, dass die Objekte sich genau positionieren lassen. Zwei direkt aufeinanderfolgende Objekte rasten automatisch nahtlos aneinander, selbst wenn sie sich auf verschiedenen Spuren befinden. Dadurch werden ungewollte Lücken oder Überlappungen vermieden. Soll aber eine Szene aus- und die nächste zeitgleich eingeblendet werden, müssen beide Objekte in der Timeline untereinander auf zwei Spuren liegen, die sich für die Zeit der Überblendung überlappen.

Festlegung der Dauer

Die Länge des gesamten Arrangements ist prinzipiell unbeschränkt. Alle Objekte lassen sich jedoch beliebig verkürzen, indem die Maus an eine der unteren Ecken des Objekts geführt wird, bis der Mauszeiger zum Stretchsymbol wird. Jetzt lässt sich das Objekt zusammenstauchen, bis die gewünschte Länge erreicht ist. Abgespielt wird der Bereich zwischen den roten Markern auf dem Zeitlineal oberhalb der ersten Spur, indem die Leertaste der Tastatur gedrückt wird. Die Start- und Ende-Marker lassen sich mit der Maus auf verschiedene Weise verschieben: Man kann sie mit gehaltener Maustaste an eine beliebige Stelle ziehen oder direkt per Mausklick setzen: Ein linker Mausklick ins Zeitlineal setzt den Start-Marker, ein rechter den Ende-Marker.

Löschen von Objekten

Wollt ihr Objekte aus der Timeline wieder entfernen, müssen sie zunächst selektiert (markiert) werden. Einzelne Objekte lassen sich per Mausklick markieren. Das aktive Objekt ist dann blau hinterlegt. Mehrere Objekte lassen sich mit gehaltener Umschalt-Taste per Mausklick markieren. Ist dies erfolgt, muss nur noch die Entfernen-Taste auf der Tastatur betätigt werden.

Objektbearbeitung

An den beiden oberen Ecken jedes Objekts befinden sich zwei Objekt-Anfasser (siehe Abbildung: blaue Kästchen), die nach innen gezogen werden können, um das Objekt ein- bzw. auszublenden. Mit dem Anfasser oben in der Mitte kann man bei Audio-Objekten die Lautstärke verstellen und bei Video-Objekten die Helligkeit einstellen.

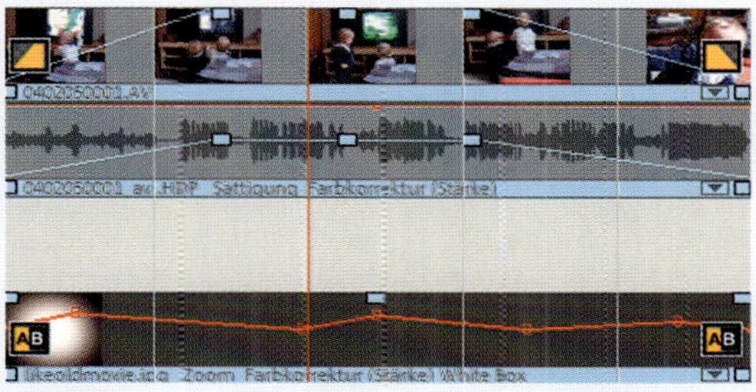

Für weitere Bearbeitungen, z. B. mit Video- oder Audioeffekten, die im Media Pool der Software in großer Auswahl zur Verfügung stehen, müssen die Objekte zunächst selektiert werden, um den ausgewählten Effekt dann mit gehaltener Maustaste zu platzieren. Der Effekt wird auf einer eigenen Spur dargestellt. Der Vorteil des Timeline-Modus ist, dass Überblendungen und Effekte durch das Zeitlineal und das Raster genau eingestellt werden können.
Wenn eine Effektkurve auf dem Objekt aktiviert ist, können die Kurvenanfasser (Abbildung: rote Raster) ausgewählt und verschoben werden, um die Intensität der Effektanwendung zu variieren. Ein Doppelklick auf die Kurve erzeugt neue Anfasserpunkte.

Intelligenter Mausmodus

voreingestellter Mausmodus, in dem die meisten Arbeiten zu erledigen sind. Mit einem linken Mausklick werden Objekte ausgewählt und mit gehaltener Maustaste verschoben. Dabei werden alle Objekte ab der Mausposition mit verschoben, die an das Objekt auf derselben oder auf benachbarten Spuren unmittelbar angrenzen.

Zoomfunktion

Sie lässt sich unten rechts im Bearbeitungsbereich einstellen. Mit der vertikalen Zoomfunktion ist über die Zeichen + und – die Zahl der im Fenster sichtbaren Spuren einstellbar.
Der sichtbare Ausschnitt des Arrangements auf der Zeitachse lässt sich mit der horizontalen Zoom-out-Funktion bearbeiten.

Intelligenter Mausmodus

Videoschnitt

Der Filmschnitt (▸Montage) dient dazu, nicht genügend attraktive Szenen herauszuschneiden und/oder neu zusammenzusetzen, um dem Film die gewünschte Spannung oder Aussage zu verleihen. Bei der Aufnahme des Materials musst du darauf achten, dass genügend Schnittmaterial für Szenenübergänge zur Verfügung steht, denn was bei der Aufnahme fehlt, kann die Montage nur schwer ersetzen. Die Aufnahmedauer muss somit die anvisierte Einstellungsdauer überschreiten. Wenn du nicht die gesamte Szene des aufgenommenen Rohmaterials in deinem Film verwerten möchtest, kannst du deine ▸Objekte mit ▸Magix zerschneiden. Jedes Element wird dabei zu einem selbstständigen Objekt:

- Stelle den Startmarker an die Stelle, an der geschnitten werden soll.
- Selektiere das zu zerschneidende Objekt.
- Wähle in der Menüleiste unter > Bearbeiten die Option > Objekte schneiden.
- Aktiviere den geschnittenen Teil mit einem Mausklick und lösche ihn mit der Entfernen-Taste. Die Lücke in der Timeline lässt sich mit dem ▸Intelligenten Mausmodus wieder schließen.

Zerschnittene Objekte können später wieder verbunden werden, indem die einzelnen Teile markiert werden und in der Menüleiste unter > Bearbeiten die Option > Gruppe bilden angewählt wird.

Audiobearbeitung

Videos mit Tonmaterial erscheinen im Bearbeitungsbereich auf zwei Spuren als voneinander getrennte Objekte (Video-Objekt und Audio-Objekt). Um beides getrennt voneinander zu bearbeiten, lassen sich die Objekte über die Menüleiste mit > Bearbeiten > Gruppe auflösen voneinander trennen. Jetzt können Ton- und Bildspur ausgetauscht oder separat bearbeitet werden. Auch zusätzliche Tonspuren, z. B. für Hintergrundmusik, lassen sich einfügen.

Audiodateien einfügen
Alle importierbaren >Audiodateien können über den Media Pool angesteuert und durch einen Klick auf den Dateinamen angehört werden. Die Dateien lassen sich mit gedrückter Maustaste in den Bearbeitungsbereich ziehen, ebenso Tracks von Audio-CDs und eigene Sounds wie Geräusche, die über die Aufnahmefunktion der Software eingespielt wurden.

Tonqualität bearbeiten
Schnitte, Audio-Effekte, Feinpositionierungen, Lautstärkeeinstellung, Ein- und Ausblendungen lassen sich, wie zuvor für die Videobearbeitung beschrieben, auch auf der Tonspur durchführen. Mit der Funktion Audio Cleaning hast du die Möglichkeit, die Tonqualität zu optimieren oder bewusst zu verfremden. Der Equalizer bietet Zugriff auf das Frequenzspektrum z. B. für Höhenanhebungen bei zu dumpfen Dialogen. Der Kompressor ist ein dynamischer Lautstärkeregler, der den Sound insgesamt dichter und druckvoller macht. Mit dem Stereo FX-Prozessor wird die Position des Tons im Stereopanorama eingestellt. Denoiser und Dehisser bieten professionelle Rauschunterdrückung und Störgeräuschbeseitigung.

Videos weiterverwerten

Um einen am PC erstellten Film zu sichern, muss er in eine Datei übertragen (exportiert) werden.

Video als Datei exportieren
Beim Export von Dateien wird der Film in eine Datei zusammengerechnet, die in einem beliebigen Verzeichnis auf der Festplatte abgelegt wird. Dies geschieht über die Menüleiste > Datei > Film exportieren, z. B. als >AVI-Datei. Wenn das Video für das Internet gedacht ist oder per E-Mail versendet werden soll, sollte eine >Datenkompression durchgeführt werden. Diese ist teilweise auch in AVI-Filmen eingebunden und wird über das Fenster > AVI-Export > Export-Einstellungen > Erweitert > Codec angewählt.

Videoausgabe
Video- oder Grafikkarten mit einem TV-Ausgang können Videos anlog an externe Videorecorder übertragen. Dazu muss der Film im Vollbildmodus abgespielt und vom externen Gerät aufgenommen werden. Achtung: Der TV-Ausgang in der Windows-Systemsteuerung (unter „Anzeige") muss aktiviert sein! Bei vielen Grafikkarten lässt sich der TV Ausgang nur aktivieren, wenn vor Einschalten des Computers ein Fernseher oder Videorecorder angeschlossen ist!
Wähle über die Menüleiste des Programms die Option > Datei > Audio/Video ausspielen und dann das Dialogfeld > Rendern und als Vollbild ausgeben. Nimm das Ergebnis mit dem Videorecorder wieder auf. Für ein digitales Ausspielen wähle im gleichen Dialogfenster die Option > Digital Video (DV) Ausspielen.

1 Macht Aufnahmen über Menschen im Straßenverkehr (Rohmaterial: ca. 2 min.).

2 Schneidet das Material einmal mit wenigen langen und einmal mit vielen kurzen Einstellungen zu einem 1/2-minütigem Videoclip zusammen.

3 Hinterlegt die Ergebnisse mit Musik. Experimentiert dabei mit langsamen und schnellen Tempi.

4 Setzt euch im Plenum zusammen und präsentiert die Ergebnisse. Sprecht gemeinsam über die Wirkung der produzierten Videoclips.

Ideenbörse

Anregungen für Foto- und Filmprojekte gibt es überall: Schon der Blick durch ein Objektiv, der Fokus auf ein Detail lässt Dinge und Szenen des alltäglichen Lebens neu und spannend erscheinen. Vielleicht kennst du Menschen, deren Leben dich interessiert, sodass du eine Dokumentation über sie machen möchtest? Oder gibt es Ereignisse in deinem Wohnort, denen man mit Foto und Video auf die Spur kommen kann? Auch lässt sich aus dem Bereich der Vorstellungen schöpfen: Träume und Wünsche, Geschichten, Gedichte und Musik regen dazu an, etwas „Überwirkliches" zu gestalten. Nicht zuletzt können literarische Vorlagen zu Foto- oder Filmprojekten anregen: So wirken Gedichte, die mit Metaphern arbeiten, oft unmittelbar bildhaft. Vielleicht hast du im Deutschunterricht bereits eigene Gedichte verfasst, die du fotografisch oder filmisch umsetzen könntest?
Auf den einzelnen Themenseiten im Heft gibt es Anregungen für verschiedene Projekte. Zum Schluss soll diese Ideenbörse weitere Anstöße liefern: Die Vorschläge können meist sowohl als Video als auch als Fotoarbeit ausgeführt werden.

1 Lies das Gedicht und versuche, die Bilder, die dazu in deinem Kopf entstehen, als Motive fotografisch umzusetzen. Beziehe zugleich die Stimmung des Gedichtes in die Gestaltung ein. Das Gedicht kann eingelesen werden oder als Text im Bild erscheinen. Musik kann dazukommen, um die Stimmung zu unterstützen.

2 Lass dich durch den Text aus dem Band „Die Hand – Geniestreich der Evolution" des amerikanischen Neurologen Frank R. Wilson zu einer Video- oder Fotosequenz zum Thema „Der Tag beginnt" anregen. Verwende vor allem Groß- und Detailaufnahmen.

Abstand

Manchmal
gehst du neben mir
die Treppe hinunter,
redend
über deine Pläne ab morgen
und wie du so geworden bist.

Bei dir sind Lebenszeichen gut aufgehoben,
sagst du.

Vor der Tür
Schneidet der Wind dir das Wort ab.

Du kannst noch winken.
So sehe ich dich stehen
Im Rückspiegel.

Ziemlich weit weg schon wieder.

Sigrid Kruse

Die Hand – Geniestreich der Evolution

Heute Morgen, als Sie noch im Bett lagen, erwachten Ihre Hände und Arme zum Leben und bahnten Ihrem schwachen und hilflosen Körper den Weg in den neuen Tag. Vielleicht haben Sie den Tag mit einem Druck auf die Schlummertaste des Radios oder einem wilden Schlag gegen den Wecker begonnen. Als sich der Schock des Wachwerdens langsam legte, haben Sie wahrscheinlich den tauben, kribbelnden Arm geschüttelt, auf dem Sie schliefen, sich gekratzt und vielleicht auch jemanden, der neben Ihnen lag, gestreichelt oder in den Arm genommen …
Daran schloss sich die unruhige und geräuschvolle Badezimmerroutine an: Wasserhähne drehen, Schrank- und Duschtüren öffnen und schließen, die Klobrille wieder herunterklappen …
Jeder Morgen beginnt mit einer rituellen Runde auf unserem privaten Hinderniskurs – mit Gegenständen, die geöffnet oder geschlossen, gehoben oder gestoßen, gedreht oder gewendet, gezogen, geführt oder gebunden werden müssen, mit Bestandteilen des Frühstücks, die geschält, ausgepackt, getoastet, aufgebrüht, gekocht oder gebraten werden müssen … Wie würden wir dastehen *ohne* unsere Hände?

Frank R. Wilson

Themen für Inszenierungen

- Ein Tag/Nachmittag mit meinem besten Freund/meiner besten Freundin
- Eine ungewöhnliche Freundschaft
- Fastfood kontra gesundes Essen
- Ein verbreitetes Vorurteil … (evtl. fächerverbindend mit Ethik/Religion)
- Alltagsdinge als Symbole – Koffer, Telefon, Brief
- Ein Musikstück in einen Film umsetzen

Themen für Dokumentationen

- Persönlichkeiten der Stadt. Ein Interviewprojekt
- Musikszene vor Ort
- Situationen an Bushaltestellen
- Berichte über die Schule: Klassenfahrten, Konflikte, Projektwochen, Orte und „Unorte" im Schulbereich
- Historische Forschung vor Ort (zusammen mit Gedenkstätten, Museen, Archiven)
- Ein Kunstwerk aus dem örtlichen Museum

Technische Hinweise

Auflösung

Der Begriff bezeichnet die Anzahl von Bildelementen (Bildpunkte oder ▸Pixel) pro festgelegter Maßeinheit (Zentimeter, Zoll oder Bildschirmbreite und -höhe). Leider wird dieser Begriff in verschiedenen Zusammenhängen unterschiedlich verwendet. So ist bei Druckern die Auflösung eines Bildes in Druckpunkten pro Zentimeter oder Zoll (dpi) gemeint, bei Scannern die Auflösung des Scans in Pixel pro Zentimeter oder Zoll (ppi), bei Monitoren die Anzahl der Pixel in Bildschirmbreite und -höhe, bei digitalen Fotoapparaten die Anzahl der lichtempfindlichen Dioden auf dem Bildsensor der ▸Digitalkamera. Wichtig ist die Unterscheidung der Auflösung in Pixel (bei Scannern, Monitoren und digitalen Kameras) und der Auflösung in Druckpunkten (dots, bei Druckern).

Bei Graustufenbildern kann jedes Pixel einen von 256 Graustufen annehmen, genauso viel wie ein Monitorrasterpunkt.

Anders ist dieses bei Druckern oder professionellen Satzbelichtern. Jedes Pixel, das gedruckt werden soll, kann für jede Grundfarbe eine von 256 Helligkeitsstufen aufweisen. Der Drucker kann aber nur aus seinen drei oder vier Grundfarben jeweils einen Punkt (dot) setzen oder nicht. Um mehr Helligkeitsstufen darstellen zu können, muss der Drucker also jedes Pixel noch einmal rastern, und zwar mindestens in einem Raster von 16 x 16 dots (= 256).

Links: 256 Graustufen als vergrößerte Pixel; rechts: in dots gerastertes Graustufenbild

Auflösung für die Druckausgabe: Für eine professionelle Druckausgabe in Büchern oder Kunstdruckzeitschriften ist eine Auflösung von 300 dpi angemessen, für den Ausdruck mit dem Tintenstrahldrucker reicht in der Regel eine Auflösung von 150 bis 200 dpi aus.

Um eine angemessene Scanauflösung für den zur Verfügung stehenden Drucker zu ermitteln, hilft folgende Faustregel: Druckauflösung des Druckers in dpi: 8 = Scanauflösung in ppi.

Beispiel:

Der Drucker kann eine maximale physikalische Auflösung von 1200 dpi (s. Handbuch) – die sinnvolle Scanauflösung beträgt also 1200 : 8 = 150 (ppi).

Auflösung bei der Ausgabe auf Monitor oder Beamer:

Bei der Ausgabe auf den Monitor ist die Maßeinheit in Pixel ratsam. Soll also beispielsweise ein Bild auf einem handelsüblichen Standardmonitor oder -beamer (XGA) bildschirmfüllend ausgegeben werden, muss der Scan eine Breite von 1024 Pixel haben. Eine höhere Scanauflösung würde nicht die Qualität verbessern, sondern dazu führen, dass das Bild nicht auf den Monitor passt oder vom Rechner klein gerechnet werden muss.

Bildschirmauflösungen bei heutigen Standard-PCs und Beamern sind VGA (640 px x 480 px), S-VGA (800 px x 600 px), XGA (1024 px x 768 px), SXGA (1280 px x 1024 px), UXGA (1600 px x 1200 px).

Videoauflösungen: DV (720 x 576 px), digitalisiertes VHS oder SVHS (768 x 576 px), HI8 (640 x 480 px)

Bildinformationen

Eingescannte Bilder oder Fotos von einer digitalen Fotokamera bestehen aus einer festgelegten Zahl von Bildpunkten, sogenannten ▸Pixeln. Jeder Bildpunkt besitzt eine ▸Farbinformation. Wie viele Bildpunkte ein Foto hat, ist entscheidend für die ▸Dateigröße und für die ▸Druckmaße.

Farbinformation/Farbtiefe

Die Farbinformation eines ▸Pixels ist abhängig von der verwendeten Farbtiefe (diese wird auch als Bittiefe oder Bitauflösung bezeichnet). Die Farbtiefe ist die Maßeinheit der gespeicherten Informationen (Bits), die die Farbe eines Pixels beschreiben. Die Farbtiefe eines Bildes kann 1 bis 32 betragen. Eine Farbtiefe von einem Bit erzeugt ein Schwarz-Weiß-Bild. 8 Bit erzeugen 256 Farben oder Graustufen, 16 Bit erzeugen 65 536 Farben (High Color), und 24 Bit erzeugen 16 777 216 Farben.

Bitrate

Anzahl der Bits (= kleinste darstellbare Datenmenge) pro Sekunde, mit der zeitbasierte Medien wie Audio oder Video digitalisiert, komprimiert bzw. gespeichert werden

Containerformat

kann verschiedene komprimierte oder unkomprimierte Dateiformate enthalten. Containerformate verschränken mehrere Datenströme. Der häufigste Fall ist das Verbinden einer reinen Videospur mit einer Audiospur. Es können aber auch mehrere Audiospuren, verschiedene Datenspuren und sogar Videospuren in einem Datenstrom gekoppelt werden.

Codec
Der Begriff setzt sich aus den englischen Wörtern coder und decoder zusammen und bezeichnet ein Verfahren, das Daten oder Signale digital codiert und decodiert. Ein Codec komprimiert (siehe ▸Datenkompression) Audio-/Videodaten in sein eigenes Format und decodiert es beim Abspielen wieder. Dazu müssen die verwendeten Codecs auf dem Rechner installiert sein.

Dateiformate
Zum Speichern von Bildern, Audios und Videos gibt es verschiedene Dateiformate, die sich in der Menüleiste unter >Datei >Speichern unter mit dem Pulldownmenü Format auswählen lassen. Die verschiedenen Dateiformate haben unterschiedliche Qualitäten und sollten je nach Verwendungsabsicht der Datei bewusst ausgewählt werden. Die Kurzbeschreibung zu den einzelnen Dateiformaten (▸Audioformate, ▸Grafikformate, ▸Videoformate) kann dabei helfen.

Audioformate
Audiodateien können komprimiert oder unkomprimiert abgespeichert werden (▸Datenkompression). Für die ▸Dateigröße sind auch die Anzahl der Tonspuren (mono oder stereo), die Anzahl der Tonmessungen pro Sekunde (Samplerate) sowie die ▸Bitrate wichtig. Z. B. werden Audioaufnahmen in HiFi-Qualität mit zwei Tonspuren (Stereo) in einer Samplerate von 44.1 KHz mit 16 Bit Tiefe aufgenommen. Für Sprachaufnahmen reichen aber eine Tonspur (Mono) und eine Samplerate von 22 KHz aus.
- **wav:* WAV ist ein ▸Containerformat zur digitalen Speicherung von Audiodaten. Die meist darin enthaltenen Rohdaten sind unkomprimiert. Der WAV-Container kann aber auch komprimierte Audiodaten (z. B. MP3) enthalten.
- **mp3:* MP3 ist die Kurzform von MPEG-1 und Audio Layer 3. Es ist ein Dateiformat zur verlustbehafteten ▸Datenkompression. Die Layerfunktion basiert auf dem Prinzip, dass Anteile des Audiosignals, die vom Gehör nicht wahrnehmbar sind, nicht übertragen oder gespeichert werden.

Grafikformate
- **.psd:* Jedes Bildbearbeitungsprogramm hat seinen eigenen Dateityp. Nur dieser Dateityp speichert alle Einstellungen einer komplexen Gestaltung (Ebenen, Ebenenstile, Masken, Farben, Texte …), sodass jederzeit an der Vorlage weitergearbeitet werden kann. Dementsprechend hoch ist allerdings die Speicherkapazität, die ein Bild braucht, das in diesem Format gesichert wird. Bei dem Programm Photoshop Elements findet sich dieses Dateiformat unter der Namensendung *.psd.
- **.tif:* ist das Standardformat für professionelle Druckbilder und wird von den meisten Programmen und Systemen unterstützt. Beim Speichern dieses Formats kann man sich wahlweise für eine unkomprimierte oder komprimierte Sicherung der Daten entscheiden (▸Datenkompression).
- **.jpg:* Möchte man die Dateigröße noch mehr reduzieren, z. B. für die Übertragung per Internet, dann bietet sich eine JPEG-Komprimierung an. Mit diesem Dateityp lässt sich die Ursprungsdatei sehr stark verkleinern. Allerdings geschieht dies auf Kosten der Bildqualität. Nicht nur identische Bildinformationen werden zusammengefasst, sondern auch ähnliche. Den Komprimierungsgrad kann man jedoch selbst einstellen und somit den Kompromiss zwischen Bildqualität und Dateigröße bestimmen.
- **gif:* weiteres Standardformat im Internet, das die Komprimierung von Dateien ermöglicht. Es ermöglicht transparente Hintergründe und einfache Animationen. Allerdings unterstützt das GIF-Format nur 256 verschiedene Farben und ist deshalb für einfache Grafiken geeigneter als für Fotos.

Videoformate
- **avi:* Das AVI-Format (Audio Video Interleaved) ist ein ▸Containerformat zur digitalen Speicherung von Audio und Videodaten.
- *.mov: ist das ▸Containerformat der Multimedia-Architektur QuickTime von Apple. Wie das AVI-Format kann es verschiedene Datei- und Komprimierungsformate enthalten. Es eignet sich zudem für die Übertragung (Streaming) im Internet, bei der nicht die ganze Datei heruntergeladen werden muss, sondern schon heruntergeladene Teile (im Stream) abgespielt werden können.

Neben diesen Videoformaten, die besonders für Computer und Internet vorgesehen sind, sind weitere, auf DVD-Playern abspielbare wichtig:
- *Video-CD (VCD):* Video-Dateien für Video-CDs werden im MPEG-1-Format (motion picture experts group) gespeichert und auf einfache CD-Rohlinge gebrannt. Das MPEG-1-Format codiert/komprimiert Videobilder mit einer Bildauflösung von 352px x 288px. Auf eine normale CD passen dabei Filme bis zu 73 Minuten Länge. Die Bildqualität entspricht dabei in etwa einem VHS-Video.
- *S-Video-CD (S-VCD):* Video-Dateien im S-VCD-PAL-Format werden im MPEG-2-Format mit einer Bildauflösung von 480 px x 576 px abgespeichert. Qualität und Länge des Films, die auf einer normalen CD abgespeichert werden können, ist dabei von der eingestellten ▸Bitrate abhängig. Die Bildqualität ist aber wesentlich besser als bei der Video-CD.
- *Video-DVD:* Videodateien für DVDs werden ebenfalls im MPEG-2-Format abgespeichert und auf DVD-Rohlinge gebrannt, allerdings in einer höheren Auflösung (720 px x 576 px). Aus entsprechend hochwertigen Videoaufnahmen lassen sich damit professionelle DVDs erstellen.

Dateigröße
Die Größe einer Datei hängt von der Anzahl der Pixel und von der ▸Farbtiefe ab. Je größer eine Datei ist, desto länger dauern die einzelnen Anwendungen bei der Bildbearbeitung (z.B. Farbkorrektur). Für ein effizientes Arbeiten ist es deshalb ratsam, bereits auf der Eingabeseite der digitalen Fotografie auf eine angemessene ▸Auflösung zu achten.

Datenkompression/Datenkomprimierung
Verfahren zur Reduktion des Speicherbedarfs von Daten mithilfe eines Codierers, der die Daten in kürzerer Form darstellt. Man spricht von einer „verlustfreien Kompression", wenn die kodierten Daten nach Anwendung der entsprechenden Dekodiervorschrift exakt denen des Originals entsprechen. Die Anwendung der Dekodiervorschrift bezeichnet man als „Dekompression" oder „Dekomprimierung". Wenn man von einer „verlustbehafteten Kompression" spricht, so meint man damit, dass Informationen zusammengefasst oder entfernt wurden, um die Datenmenge zu verkleinern. Bei der Dekompression lässt sich keine genaue Rekonstruktion mehr erzielen.

Druckmaße
Die Maßeinheit oder auch Druckauflösung für den Printbereich ist dpi „dots per inch" und meint die Anzahl der Pixel, in die eine Strecke von einem Zoll/Inch (2,54 cm) zerlegt wird. Je nach gewünschter Druckauflösung lässt sich ein digitales Foto mit der Größe 1536 x 1024 Pixel in verschiedenen Größen drucken – je nachdem, wie viele Bildpunkte pro Quadratzentimeter oder pro Quadratzoll nötig sind.

dpi	dpcm	B/H in cm	B/H in Zoll
300	118	13,0 x 8,7	5,1 x 3,4
254	100	15,4 x 10,2	6,0 x 4,0
200	78	19,5 x 13,0	7,68 x 5,1
150	60	26,0 x 17,3	10,2 x 6,8
100	39	39,0 x 26,0	15,4 x 10,2

Formeln zur Berechnung der Druckmaße:
- Zahl der Bildpunkte/dpi-Wert = Druckmaß in Zoll
- Zahl der Bildpunkte/dpi-Wert x 2,54 = Druckmaß in Zentimeter

Kamera
Analoge Kamera:
Ein Motiv wird durch Lichtreflexion auf lichtempfindlichem Trägermaterial (Film) abgebildet. Dabei fällt Licht durch das Objektiv (bei der digitalen Kamera ist das Trägermaterial ein Chip; das Bild liegt digital vor). Aus dem Filmmaterial entsteht durch chemische Entwicklung ein Negativ (Umkehrung der Helligkeits- und Farbwerte). Positive (das eigentliche Bild) können in beliebiger Menge davon wiederum durch chemische Prozesse hergestellt werden.

Digitalkamera:
Sie arbeitet vom Prinzip her wie eine Kamera mit fotochemischem Film (▸analoge Kamera). Der zentrale Unterschied ist der CCD (Charged-Coupled Devices), der den Film ersetzt, indem er auf elektronischem Wege die Lichtintensität misst.

Spiegelreflexkamera:
Sie verfügt über ein Spiegelsystem. Es bewirkt, dass der Bildausschnitt durch den Sucher so zu erkennen ist, wie er auch auf dem entwickelten Foto erscheint. So sind Veränderungen der Einstellungen (z.B. Schärfe) beim Blick durch den Sucher nachvollziehbar.

Pixel
Abkürzung für Pictures Elements (Bildpunkte), Kürzel: px

Scannen
Um Bilder auf elektronischem Wege bearbeiten zu können, müssen sie digitalisiert werden, d.h., sie werden in verschiedene Bildpunkte (Pixel) zerlegt. Dies geschieht mittels eines Scanners oder einer Digitalkamera. Man kann sagen, dass das Arbeitsprinzip eines Scanners dem eines Kopiergerätes ähnelt: Eine Vorlage wird beleuchtet und das reflektierte Licht wird mithilfe von Sensoren (sogenannten CCDs = Charged-Coupled Devices) zeilenweise abgetastet und in Pixel zerlegt. Durch Verwendung von Rot-, Grün- und Blaufiltern erkennt der Scanner die Grundfarbenanteile jedes Pixels.

Schnittstellen
Um verschiedene Geräte und Software miteinander zu verbinden, braucht man sogenannte Schnittstellen. Hardware-Schnittstellen werden z. B. benötigt, um Videofilme auf den Computer zu überspielen. Für analoges Videomaterial (z. B. VHS, SHVS) benötigt man eine Video-Capturing- bzw. TV-Karte, um den Videorecorder mit dem Computer zu verbinden und das Material zu digitalisieren. Filme von einer DV-Kamera können über die Firewire-Schnittstelle (auch auch IEEE 1394 oder iLink genannt) auf den Rechner übertragen werden.

Register

Quellenverzeichnis

Textquellen:

S. 24	John Berger, Das Tuch, Gedicht, 1985. Aus: John Berger: Das Sichtbare und das Verborgene, München/Wien: Hanser Verlag 1990, S. 97
S. 26	Zit. nach: Floris M. Neusüss, Das Fotogramm in der Kunst des 20. Jahrhunderts, Köln: DuMont 1990, S. 170
S. 27	Alidada: Graffi a l'anima (Auszug). Aus dem Italienischen von Ugo Dossi. Zit. nach: Floris M. Neusüss, Das Fotogramm in der Kunst des 20. Jahrhunderts, Köln: DuMont 1990, S. 100
S. 43	Frank R. Wilson: Die Hand – Geniestreich der Evolution. Ihr Einfluss auf Gehirn, Sprache und Kultur des Menschen. Aus dem Amerikanischen von Hainer Kober. © 1998 by Frank R. Wilson. Stuttgart: Klett-Cotta 2000, S. 9
S. 43	Sigrid Kruse: Abstand, Gedicht. Aus: Brennglas – Materialien aus dem Zettelkasten der Literatur, Kunst und Politik zu Themen der Zeit, Heft 3 /1981

Bildquellen:

Cover	Christine Linne, Wasbüttel
S. 3	(oben) © Rapho/Doisneau/laif, Köln; (unten) © David Hockney, Los Angeles
S. 4/5	(alle) Margot Michaelis, Braunschweig
S. 6	(oben links) privat; (oben rechts) Jakob Meyer, Braunschweig; (unten) © Rapho/Doisneau/laif, Köln
S. 7	Christine Linne, Wasbüttel
S. 9	Aperture Foundation Inc./Paul Strand Archive, New York
S. 10	(oben beide) Ana Adamovic, Belgrad, (unten) VG Bild-Kunst, Bonn 2007
S. 14	(oben) Christine Linne, Wasbüttel; (unten beide) Carsten Tschach Photography – www.bilderbuch.net
S. 15	(alle) Christine Linne, Wasbüttel
S. 16	2007 Thomas Struth
S. 17	Langosch/Voller Ernst, Berlin
S. 18	Anne Evers, Braunschweig
S. 19	(oben) © Walter Schels, Hamburg, (unten) © María José Gómez Redondo
S. 20	(oben) akg-images, Berlin; (unten) (c) Sebastião Salgado/Amazonas Images /Agentur Focus, Hamburg
S. 21	(alle) www.marcnesium.de, Hamburg
S. 22	Johanna Dohmke, Kopenhagen
S. 23	(alle) Christine Linne, Wasbüttel
S. 24	(links) Courtesy Galerie Daniel Buchholz, Köln; (rechts) Roman Schramm, Hamburg
S. 25	Tim Head, London
S. 26	Man Ray Trust, Paris/ VG Bild-Kunst, Bonn 2007
S. 27	© Sammlung Giovanni Lista, Paris
S. 28	(oben) © Tom Hunter, London; (unten) akg-images, Berlin
S. 29	(beide) Marc Lüders, Hamburg
S. 30/31	Christine Linne, Wasbüttel
S. 32	(oben) © DesignPics/Corbis; (unten) © David Hockney, Los Angeles
S. 33	Margot Michaelis, Braunschweig
S. 38	Margot Michaelis, Braunschweig
S. 39	Aus: Lola rennt, Spielfilm, Deutschland 1997/98. Regie: Tom Tykwer, Produktionsfirma: X Filme Creative Pool/WDR, Köln/arte, Strassbourg

Nicht in allen Fällen ist es gelungen, die Rechteinhaber ausfindig zu machen und um Genehmigung zu bitten. Berechtigte Ansprüche werden selbstverständlich im Rahmen der üblichen Vereinbarungen abgegolten.